老板要学会的

朱权鑫 / 著

学会的

73个用工

风险规避方法

北京理工大学出版社
BEIJING INSTITUTE OF TECHNOLOGY PRESS

图书在版编目（CIP）数据

老板要学会的 73 个用工风险规避方法 / 朱权鑫著
. -- 北京 : 北京理工大学出版社 , 2023.1（2023.2 重印）
ISBN 978-7-5763-1838-8

Ⅰ . ①老… Ⅱ . ①朱… Ⅲ . ①劳动法—基本知识—中
国 Ⅳ . ① D922.5

中国版本图书馆 CIP 数据核字 (2022) 第 212252 号

出版发行 / 北京理工大学出版社有限责任公司
社　　址 / 北京市海淀区中关村南大街 5 号
邮　　编 / 100081
电　　话 /（010）68914775（总编室）
　　　　　（010）82562903（教材售后服务热线）
　　　　　（010）68944723（其他图书服务热线）
网　　址 / http: //www. bitpress. com. cn
经　　销 / 全国各地新华书店
印　　刷 / 三河市华骏印务包装有限公司
开　　本 / 787 毫米 × 1092 毫米　1/16
印　　张 / 16.5
字　　数 / 218 千字
版　　次 / 2023 年 1 月第 1 版　2023 年 2 月第 4 次印刷
定　　价 / 58.00 元

责任编辑 / 徐艳君
文案编辑 / 徐艳君
责任校对 / 刘亚男
责任印制 / 施胜娟

CONTENTS / 目录

第一章

固定招聘形式，避坑"信任危机"

招聘是企业为自身注入新鲜血液、持续保持活力和创造力的主要方式。在招聘过程中隐藏着诸多用工陷阱，稍有不慎，企业便可能陷入劳动者的信任危机之中，甚至面临经济赔偿风险。因此，企业需要固定招聘形式，掌握招聘技巧，杜绝随心所欲的招聘和盲目招聘。

未领取营业执照，企业招人营业，等于非法用工吗？

有些刚刚创办的企业，还未领取营业执照或者干脆不办理营业执照，便对外招聘，这种做法看似精明，实际上却非常危险。因为，一旦和员工产生纠纷，企业往往会处于极为被动的境地。

【案例】

赵某在无锡惠山区经营一家机械加工厂，为了少缴税，躲避检查，没有进行工商登记，也没有办理营业执照。2017年6月，周某应聘进入工厂，从事操作工岗位，双方没有签订劳动合同，赵某也没有为周某缴纳任何社会保险费。几个月后，由于操作不当，周某在工作中受伤，要求赵某承担全部医药费，并对自己进行经济赔偿。对此，赵某一直以"周某操作不当"为理由，拖延推诿。

最终，周某向劳动人事争议仲裁委员会（以下简称"劳动仲裁委员会"）申请仲裁。劳动仲裁委员会在充分调查后，根据《非法用工单位伤亡人员一次性赔偿办法》的规定，要求赵某向周某支付一次性赔偿金等共计13万余元。赵某对仲裁结果不服，诉至惠山区法院。赵某认为自己和周某之间是个人劳务关系，而非用工单位，彼此间并没有建立劳动关系，并不适用工伤的相关法律法规。法院经过审理认为，虽然赵某和周某没有签订书面劳动合同，但周某为赵某工作且遭受工伤的事实已经由人社局认定，法院予以认定。根据《工伤保险条例》《非法用工单位伤亡人员一次性赔偿办法》有关规定，工厂经营者赵某应当依法支付周某一次性赔偿金、生活费等合计13万余元。

【分析】

在和员工周某的劳动纠纷中，工厂经营者赵某从一开始便处于极为被动的地位，这是由他犯下的三个错误导致的。

第一，未在工商管理部门登记，未办理营业执照。未领取营业执照便招聘员工进行生产经营性活动，构成了非法用工。所谓"非法用工"，是指单位无营业执照或者未经依法登记、备案以及被依法吊销营业执照或者撤销登记、备案后，进行经营性活动或招聘。

第二，未和员工签订劳动合同。赵某在招聘时，未和周某签订劳动合同，没有以书面形式明确双方的责任和义务，未设立预防性条款。

第三，未给员工缴纳社会保险费。未领取营业执照，导致赵某无法开立社会保险账号，不能为员工缴纳社会保险费，以至于周某遭遇工伤时，赵某需要承担全部赔偿责任。

【法律法规】

《中华人民共和国劳动合同法》（2012 年修正，以下简称《劳动合同法》）第九十三条：

对不具备合法经营资格的用人单位的违法犯罪行为，依法追究法律责任；劳动者已经付出劳动的，该单位或者其出资人应当依照本法有关规定向劳动者支付劳动报酬、经济补偿、赔偿金；给劳动者造成损害的，应当承担赔偿责任。

《最高人民法院关于审理劳动争议案件适用法律问题的解释（一）》（法释〔2020〕26 号）第二十九条：

劳动者与未办理营业执照、营业执照被吊销或者营业期限届满仍继续经营的用人单位发生争议的，应当将用人单位或者其出资人列为当事人。

《工伤保险条例》（2010 年修订）第六十六条：

无营业执照或者未经依法登记、备案的单位以及被依法吊销营业执照或者撤销登记、备案的单位的职工受到事故伤害或者患职业病的，由该单位向伤残职工或者死亡职工的近亲属给予一次性赔偿，赔偿标准不得低于本条例规定的工伤保险待遇；用人单位不得使用童工，用人单位使用童工造成童工伤残、死亡的，由该单位向童工或者童工的近亲属给予一次性赔偿，赔偿标准不得低于本条例规定的工伤保险待遇。具体办法由国务院社会保险行政部门规定。

《非法用工单位伤亡人员一次性赔偿办法》第二条：

本办法所称非法用工单位伤亡人员，是指无营业执照或者未经依法登记、备案的单位以及被依法吊销营业执照或者撤销登记、备案的单位受到事故伤害或者患职业病的职工，或者用人单位使用童工造成的伤残、死亡童工。

前款所列单位必须按照本办法的规定向伤残职工或者死亡职工的近亲属、伤残童工或者死亡童工的近亲属给予一次性赔偿。

【法律建议】

非法用工关系，一旦出现劳动纠纷或者工伤，企业便会处于绝对的被动地位。因此，用工时，企业要避免踏入"非法用工"的雷区。为此，企业需要做到两点：

1. 企业在尚未领取营业执照前，绝对不能进行招聘或开展生产经营活动。企业在领取营业执照前的这段时间，可以由控股股东、实际控制人办理企业注册、采购、租房等前期事项。假如在这段时间，企业确实需要用工，则可由控股股东、实际控制人和提供劳务的股东、委托代理人、劳务人员签订委托合同或者劳务合同，并且约定在企业领取营业执照后依法签订劳动合同。假如存在必需性，则可为对方办理短期的商业人身保险，预防安全事故发生。

2. 领取营业执照后，为员工缴纳社会保险费。领取了营业执照，企业便可以办理社会保险登记，为员工缴纳社会保险费。虽然为员工缴纳社会保险费会在一定程度上增加企业用工成本，但为员工全额缴纳社会保险费，一来能够放大企业对优秀人才的吸引力，二来能够在员工遭遇工伤时，大大减轻企业经济责任。

为招到好员工，对应聘者身份进行筛选，是捷径还是陷阱？

一些企业老板，在招聘时，为了将最符合岗位的员工收入囊中，故意在招聘简章中设置一些身份限制，这种行为看似聪明，实际上违反了相关劳动法规，操作不当的话，会给企业声誉带来极大的负面影响。

【案例】

某公司因为扩大生产规模，在某招聘平台上发布了招聘简章。出于招聘"优质员工"的意愿，老板张某在拟定招聘简章时，认为"××省的人工作态度比较懒散，且刺头多，不好管理"，所以特别设置了"身份关卡"，规定"××省的人一概不招录"。

闫某某在某招聘平台上看到该公司招聘简章后，认为其中的某一岗位非常适合自己，遂向该公司投递了求职简历，其投递简历中的户籍所在地填写为"××省××市"。老板张某在查阅闫某某简历后，认为闫某某并不适合招聘岗位，原因为"闫某某是××省人"。

闫某某应聘失败后，再次仔细阅读该公司发布的招聘简章，才发现里面写有"××省的人一概不招录"的就业歧视性条款。闫某某认为该公司招聘简章存在就业歧视，严重侵犯了其就业权和人格权，遂向法院提起诉讼，请求法院判令：某公司向其口头道歉、登报道歉，并支付精神抚慰金6万余元。

法院审理认为，所有劳动者依法享有平等的就业权利，相关企业对平等就业权的侵害会严重损害劳动者的人格尊严。因此，受害劳动者有权按照民事法律法规，请求用人单位承担相应的民事责任。法院认为，某公司在招聘简章中因闫某某为"××省人"便对其实施不合理差别对待，损害了闫某某平等获得就业的机会和就业待遇的权利，构成了对闫某某平等就业权的侵害，主观上具有非常明显的过错。

最终，法院判令某公司向闫某某支付精神抚慰金9000元，由某公司向闫某某口头道歉并在国家级媒体登报道歉。

【分析】

为什么某公司老板张某在和应聘者闫某某的诉讼中，一点还手之力都没有呢？答案很明显，张某在招聘简章中碰触了两个雷区。

雷区一：张某面向社会发布的招聘简章包含就业歧视内容。所谓"就业歧视"，是指用人单位限定应聘者的性别、籍贯、民族、户籍、种族、婚育状况、宗教信仰、居住地等，或者故意提高招聘条件、歧视应聘者身份等情况。

张某发布的招聘简章中，明确规定"××省的人一概不招录"，从而剥夺了××省劳动者依法享有的公平就业权利。张某的这一行为，是典型的就业歧视。因此，在闫某某向法院提起诉讼后，张某才会始终处于被动地位。

雷区二：张某伤害了某一地域人群的人格尊严。"××省的人一概不招录"除了在个体上侵犯了闫某某的平等就业权利，还伤害了"××省"地域范围内所有人的人格尊严，继而在大众舆论和情感上，张某处于被动地位。

【法律法规】

《中华人民共和国就业促进法》（2015 年修正，以下简称《就业促进法》）第三条：

劳动者依法享有平等就业和自主择业的权利。劳动者就业，不因民族、种族、性别、宗教信仰等不同而受歧视。

《就业促进法》第八条：

用人单位依法享有自主用人的权利。用人单位应当依照本法以及其他法律、法规的规定，保障劳动者的合法权益。

《就业促进法》第二十六条：

用人单位招用人员、职业中介机构从事职业中介活动，应当向劳动者提供平等的就业机会和公平的就业条件，不得实施就业歧视。

《就业促进法》第六十二条：

违反本法规定，实施就业歧视的，劳动者可以向人民法院提起诉讼。

《就业服务与就业管理规定》（2022 年修订）第四条：

劳动者依法享有平等就业的权利。劳动者就业，不因民族、种族、性别、宗教信仰等不同而受歧视。

《就业服务与就业管理规定》第五条：

农村劳动者进城就业享有与城镇劳动者平等的就业权利，不得对农村劳动者进城就业设置歧视性限制。

《就业服务与就业管理规定》第二十条：

用人单位发布的招用人员简章或招聘广告，不得包含歧视性内容。

《人才市场管理规定》（2019 年修订）第二十三条：

用人单位公开招聘人才，应当出具有关部门批准其设立的文件或营业执照（副本），并如实公布拟聘用人员的数量、岗位和条件。

用人单位在招聘人才时，不得以民族、宗教信仰为由拒绝聘用或者提高聘用标准；除国家规定的不适合妇女工作的岗位外，不得以性别为由拒绝招聘妇女或提高对妇女的招聘条件。

《人才市场管理规定》第三十六条：

用人单位违反本规定，以民族、性别、宗教信仰为由拒绝聘用或者提高聘用标准的，招聘不得招聘人员的，以及向应聘者收取费用或采取欺诈等手段谋取非法利益的，由县级以上政府人事行政部门责令改正；情节严重的，并处 10000 元以下罚款。

【法律建议】

招聘简章或者招聘广告，并非无所不能的"人才渔网"，假如筛选条件设置不合理，企业就会碰触就业歧视的雷区，招致不必要的麻烦。

1. 招聘简章或招聘广告内容要合法合规。企业面向社会发布的招聘简章或招聘广告，要杜绝出现各种限制性别、户籍、民族、宗教等的歧视性条款。另外，企业通过不同途径，诸如网络、招聘会、报纸杂志等发布的招聘信息，内容要一致。

2. 合理设置岗位，明确岗位职责。对企业老板而言，遵守劳动法，抵制就业歧视，并非意味着不能对应聘者进行任何筛选。假如筛选是基于工作岗位客观内在的需要，就不属于就业歧视。比如，公司要招聘一名经常出差的销售人员，这一岗位的工作内容可概括为"不是在拜访客户就是在拜访客户的路上"，这时提出不招聘残疾人，便不会被认定为就业歧视。因此，企业在招聘时，需要合理设置岗位，并明确各个岗位的职责。

承诺给予高额待遇，员工入职后却不兑现，能这样招人吗？

在招聘时，有些企业老板为了吸引优质人才，故意在招聘简章或招聘广告中承诺给予高额待遇，但是在员工入职签订劳动合同时，却不予兑现，这样做，真的能够招到优质人才吗？

【案例】

2021 年 6 月，赵某在某招聘平台上看到四川某公司发布的招聘广告。在招聘广告中，这家公司对岗位薪酬福利的描述为"每月 10000 ~ 13000 元"。赵某投递简历后，该公司对其非常满意，让其立即进入公司工作。

赵某入职后，该公司并未和其签订劳动合同。一个月后，该公司并未兑现招聘广告中的薪酬承诺，向赵某实际发放基本工资 4800 元，生活补贴 700 元。基本工资和生活补贴一共才 5500 元，和招聘广告中岗位工资"每月 10000 ~ 13000 元"的描述差距巨大。赵某和公司就此进行协商，希望公司按照招聘广告中的承诺发放薪酬，但公司以"一切以实际发放为准"拒绝。

赵某认为公司未能兑现招聘广告的薪酬承诺，遂向法院提起诉讼，要求公司按照招聘广告中的承诺全额支付自己的薪酬。经过审理，法院认为某公司虽然提供了和赵某的面谈记录、聘用通知等证据，意图证明赵某的工资标准为基本工资 4800 元、生活补贴 700 元，但缺乏赵某签字确认或签收等，并没有充分证据证明双方就赵某的具体工资标准进行过约定或协商一致。因此，法院根据该公司招聘广告中承诺的"每月10000 ~ 13000元"取中间值，酌情判定赵某月工资为11500元。

【分析】

四川某公司在招聘时犯了两个错误，致使自身在和员工赵某的诉讼中处于不利地位。

第一，在招聘广告中，对岗位薪酬进行夸张性描述。四川某公司为了提升岗位吸引力，并未如实公布实际薪酬，而是进行了一定程度的夸大，将原本每月5500元的岗位工资描述为"每月10000 ~ 13000元"。该公司的行为，便涉嫌招聘广告欺诈，违反了《中华人民共和国广告法》（以下简称《广告法》），面临巨额罚款风险。

第二，未和赵某签订劳动合同。劳动合同是劳动者与用人单位之间确立劳动关系、明确双方权利和义务的协议，特别是对用人单位而言，合规合法的劳动合同，可有效避免员工发起劳动仲裁或诉讼。在赵某入职后，四川某公司未能立即和其签订劳动合同，确定实际岗位薪酬；缺少劳动合同，该公司在和赵某的诉讼中，便缺少最有力的证明。

【法律法规】

《广告法》（2018年修正）第四条：

广告不得含有虚假或者引人误解的内容，不得欺骗、误导消费者。广告主应当对广告内容的真实性负责。

《广告法》第五十五条：

违反本法规定，发布虚假广告的，由工商行政管理部门责令停止发布广告，责令广告主在相应范围内消除影响，处广告费用三倍以上五倍以下的罚款，广告费用无法计算或者明显偏低的，处二十万元以上一百万元以下的罚款；两年内有三次以上违法行为或者有其他严重情节的，处广告费用五倍以上十倍以下的罚款，广告费用无法计算或者明显偏低的，处一百万元以上二百万元以下的罚款，可以吊销营业执照，并由广告审查机关撤销广告审查批准文件，一年内不受理其广告审查申请。

……

《广告法》第五十六条：

违反本法规定，发布虚假广告，欺骗、误导消费者，使购买商品或者接受服务的消费者的合法权益受到损害的，由广告主依法承担民事责任。广告经营者、广告发布者不能提供广告主的真实名称、地址和有效联系方式的，消费者可以要求广告经营者、广告发布者先行赔偿。

……

人力资源和社会保障部办公厅《关于进一步加强招聘信息管理的通知》（人社厅发〔2017〕101 号）：

二、……用人单位发布招聘信息应真实有效，不得设置性别、民族等歧视性内容，不得发布虚假招聘广告，不得以招用人员为名牟取不正当利益或进行其他违法活动……

三、……对用人单位发布虚假招聘广告、以招聘为名牟取不正当利益或进行其他违法活动的，要依法责令改正并可处罚款……

《劳动合同法》第三条：

订立劳动合同，应当遵循合法、公平、平等自愿、协商一致、诚实信用的原则。依法订立的劳动合同具有约束力，用人单位与劳动者应当履行劳动合同约定的义务。

《就业服务与就业管理规定》第十四条：

用人单位招用人员不得有下列行为：

（一）提供虚假招聘信息，发布虚假招聘广告；

……

【法律建议】

在招聘广告中承诺给予高额薪酬待遇，最终却不兑现，对企业而言，绝对是有百害而无一利的。因此，企业老板要有避坑意识，防范企业陷入招聘欺诈的泥沼。

1.真实描述招聘岗位情况。企业在描述招聘岗位的工作地点、工作环境、薪酬福利等信息时，要做到真实有效。切忌为了增加自身吸引力或其他原因，夸大或者虚构岗位相关信息。

2.强化信息审查职责，建立和完善招聘广告制作、发布制度。企业要聘请专职、兼职的广告审核人员，或者委托专业广告公司制作、发布招聘广告。企业要对招聘广告内容负责，把好审核关。

3.及时和新入职员工签订劳动合同。通过劳动合同，将员工和企业双方的权利和义务固定下来，可有效避免今后出现劳动争议。

未履行告知义务，被新员工告上法庭，企业冤枉吗？

很多企业在招聘新员工时，习惯做一个"提问者"，对应聘者问东问西，却忽视了自身应当承担的告知义务。结果，在签订劳动合同时或者新员工到岗后，引发了一系列劳动争议。

【案例】

一家化工厂在某招聘平台上发布招聘简章，面向社会招聘技术工人。李某某看到后，千里迢迢来到该厂应聘，之后顺利通过面试，和这家化工厂签订了 3 年期的劳动合同。李某某上班后，每天都要接触粉尘、丁二烯等，半年后，他才偶然在网上得知这些物质会严重危害身体健康。但是在他应聘时，不管是招聘简章还是劳动合同中，都未明确其工作后将要面对的工作环境以及长期处于这种环境中可能产生的危害。

李某某找到化工厂负责人讨说法，要求调整工作岗位。但是化工厂负责人却认为李某某所处的工作环境只是"看着乱"，实际上对身体健康没有多大影响，不同意调换岗位，并告知李某某，假如他不服从安排的话，工厂将会和他解除之前签订的劳动合同。

李某某不服，向当地劳动仲裁委员会申请仲裁。劳动仲裁委员会经过充分调查后，认为化工厂在签订劳动合同时未尽到告知义务，没有将岗位工作环境可能带来的健康危害告知李某某。最终，劳动仲裁委员会根据《劳动合同法》等相关法律法规，裁定化工厂和李某某签订的劳动合同无效，且化工厂需要赔偿李某某参加应聘花费的差旅费，并一次性给予李某某 1 万元经济补偿。

【分析】

这家化工厂的工作人员和负责人在招聘和劳动争议出现时，因为缺少劳动法相关知识，犯了两个非常明显的错误：

第一，未在招聘时尽到告知义务。这家化工厂在面向社会招聘技术工人时，未能告知李某某职业危害，在和李某某签订劳动合同时，也没有以条文的形式告知其工作条件和职业危害等岗位相关信息。这样一来，便为李某某入职后，因为工作条件和职业危害问题和化工厂产生劳动争议而埋下了祸根。

第二，劳动争议出现后，负责人没有第一时间回应李某某的诉求，稳定其情绪。当李某某意识到工作环境会对自己的身体健康产生危害后，化工厂负责人不仅没有承认自身过错，反而想以不听从安排便解除劳动合同要挟李某某，意图让其放弃调岗主张。这种做法不仅没有解决问题，反而大大激化了化工厂和李某某之间的矛盾，导致李某某最终向劳动仲裁委员会提出仲裁。

【法律法规】

《劳动合同法》第八条：

用人单位招用劳动者时，应当如实告知劳动者工作内容、工作条件、工作地点、职业危害、安全生产状况、劳动报酬，以及劳动者要求了解的其他情况；用人单位有权了解劳动者与劳动合同直接相关的基本情况，劳动者应当如实说明。

《劳动合同法》第二十六条：

下列劳动合同无效或者部分无效：

（一）以欺诈、胁迫的手段或者乘人之危，使对方在违背真实意思的情况下订立或者变更劳动合同的；

（二）用人单位免除自己的法定责任、排除劳动者权利的；

（三）违反法律、行政法规强制性规定的。对劳动合同的无效或者部分无效有争议的，由劳动争议仲裁机构或者人民法院确认。

《劳动合同法》第三十八条：

用人单位有下列情形之一的，劳动者可以解除劳动合同：

（一）未按照劳动合同约定提供劳动保护或者劳动条件的；

（二）未及时足额支付劳动报酬的；

（三）未依法为劳动者缴纳社会保险费的；

（四）用人单位的规章制度违反法律、法规的规定，损害劳动者权益的；

（五）因本法第二十六条第一款规定的情形致使劳动合同无效的；

（六）法律、行政法规规定劳动者可以解除劳动合同的其他情形。

用人单位以暴力、威胁或者非法限制人身自由的手段强迫劳动者劳动的，或者用人单位违章指挥、强令冒险作业危及劳动者人身安全的，劳动者可以立即解除劳动合同，不需事先告知用人单位。

《劳动合同法》第八十六条：

劳动合同依照本法第二十六条规定被确认无效，给对方造成损害的，有过错的一方应当承担赔偿责任。

《中华人民共和国安全生产法》（2021年修正）第四十四条：

生产经营单位应当教育和督促从业人员严格执行本单位的安全生产规章制度和安全操作规程；并向从业人员如实告知作业场所和工作岗位存在的危险因素、防范措施以及事故应急措施。

......

《中华人民共和国职业病防治法》（2018 年修正）第三十三条：

用人单位与劳动者订立劳动合同（含聘用合同，下同）时，应当将工作过程中可能产生的职业病危害及其后果、职业病防护措施和待遇等如实告知劳动者，并在劳动合同中写明，不得隐瞒或者欺骗。

劳动者在已订立劳动合同期间因工作岗位或者工作内容变更，从事与所订立劳动合同中未告知的存在职业病危害的作业时，用人单位应当依照前款规定，向劳动者履行如实告知的义务，并协商变更原劳动合同相关条款。

用人单位违反前两款规定的，劳动者有权拒绝从事存在职业病危害的作业，用人单位不得因此解除与劳动者所订立的劳动合同。

【法律建议】

未履行告知义务，将会使企业在之后和员工的劳动争议中，处于极其不利的地位。那么，企业如何才能避免这种情况出现呢？

1. 企业要如实告知应聘者工作内容、工作条件、工作地点、职业危害、安全生产状况、劳动报酬等，特别是作业场地和工作岗位存在的潜在危险因素、防范措施、事故应急措施、职业病危害及其后果、职业病防护措施和待遇等法律法规。另外，对于应聘者想要了解的其他岗位信息，企业也要积极回复。

2. 企业可以设立专门部门或人员，负责告知应聘者企业按照法律应该履行的告知义务。在履行告知义务时，企业可单独制作告知书，如实告知应聘者工作内容、工作条件、工作地点、职业危害、安全生产状况、劳动报酬等，并要求应聘者签字确认。

3. 在劳动合同中约定企业已经如实告知员工工作内容、工作条件、工作地点、职业危害、安全生产状况、劳动报酬以及员工想要了解的其他相关信息。

为省钱省事，可以委托无证中介机构招聘吗？

有些中小企业为了节省招工成本，喜欢和中介机构合作。相对于正规中介机构，无证中介机构给出的委托费用相对较低，和这类中介机构合作，为企业招聘可用之才，真的是一个好办法吗？

【案例】

2019年6月，某电子厂进入业务繁忙期，电子厂老板委托某中介机构老板朱某代为招工。王琳琳（化名）经朱某介绍，到某电子厂工作。朱某对王琳琳保证，在电子厂工作期间，某电子厂包吃包住，工资5000元，夜班时还有补贴。

2019年6月29日，王琳琳进入某电子厂工作。2019年7月30日，王琳琳却没有领到工资。王琳琳询问某电子厂，回复称电子厂已经将款项打到朱某公司账户。王琳琳随后向朱某讨要，朱某仅仅给其转账1000元，王琳琳继续讨要剩下的工资，朱某则以"财务可能算错，回去核实一下"为借口推托。之后，朱某便处于失联状态。

找不到朱某，王琳琳遂将某电子厂告上了法庭，要求法院判决某电子厂支付2019年6月29日到2019年7月30日剩余工资4000元。法庭审理期间，某电子厂辩称，已经按照和某中介机构的约定将王琳琳2019年6月29日到2019年7月30日的工资支付至指定账户，对方公司也开具了服务费发票，因此，其并不存在拖欠王琳琳工资的情况。

法院经调查发现，朱某开设的某中介机构并没有取得相关的经营许可证和劳务派遣许可证。某电子厂在没有核实某中介机构资质的前提下，便将王琳琳的薪酬转账至朱某指定的公司账户，自身存在重大过错。

最终，经法院调解，某电子厂向王琳琳支付了 2019 年 6 月 29 日到 2019 年 7 月 30 日剩余工资 4000 元。

【分析】

为什么某电子厂支付了王琳琳的工资，最终却成为被告，还需要向王琳琳赔偿中介老板朱某拖欠的剩余 4000 元工资呢？

第一，某电子厂委托无证中介机构招工。某电子厂在未核实朱某开设的中介机构资质的情况下，便委托其进行招工，且将王琳琳的劳动报酬转发到朱某指定的账户，过错在先。正是由于某电子厂所犯错误，才导致了朱某侵占王琳琳薪酬事件的发生。

第二，王琳琳和某电子厂存在事实上的劳动关系。王琳琳进入电子厂工作后，按照电子厂要求工作，接受电子厂管理和考核，应该从电子厂获得劳动报酬。虽然王琳琳和某电子厂没有签订劳动合同，却存在事实上的劳动关系。

【法律法规】

《就业服务与就业管理规定》第四十七条：

职业中介实行行政许可制度。设立职业中介机构或其他机构开展职业中介活动，须经劳动保障行政部门批准，并获得职业中介许可证。

未经依法许可和登记的机构，不得从事职业中介活动。

职业中介许可证由劳动保障部统一印制并免费发放。

《就业促进法》第四十条：

设立职业中介机构应当具备下列条件：

（一）有明确的章程和管理制度；

（二）有开展业务必备的固定场所、办公设施和一定数额的开办资金；

（三）有一定数量具备相应职业资格的专职工作人员；

（四）法律、法规规定的其他条件。

设立职业中介机构应当在工商行政管理部门办理登记后，向劳动行政部门申请行政许可。

未经依法许可和登记的机构，不得从事职业中介活动。

国家对外商投资职业中介机构和向劳动者提供境外就业服务的职业中介机构另有规定的，依照其规定。

《中华人民共和国劳动法》（2018年修正，以下简称《劳动法》）第五十条：

工资应当以货币形式按月支付给劳动者本人。不得克扣或者无故拖欠劳动者的工资。

【法律建议】

委托无证中介机构招工，用人单位往往会因为无证中介机构克扣员工工资甚至携款跑路等行为陷入劳动争议甚至诉讼中，面临赔偿员工损失的风险。因此，用人单位在委托中介机构招工时，要做好两点：

1. 委托有资质的中介机构招工。用人单位在和职业中介机构签订委托招聘协议之前，要详细审查对方的营业执照、职业中介机构许可证等相关证件，确定其从事具体人才中介活动的范围、内容和其许可证是否相符。切忌因费用低廉、熟人推荐等原因，和不具备职业中介许可证或超出其许可范围的"黑中介"签订委托招聘协议。

2. 直接和员工签订劳动合同，发放工资，缴纳社会保险费。为了防止中介机构克扣员工工资，引发劳动争议甚至诉讼，用人单位可以和由中介机构招聘的员工直接签订劳动合同，直接为其发放工资，缴纳各项社会保险费。

应聘者能力出众，但和其他单位未解除劳动合同，企业录用后有什么法律风险？

优秀人才是企业发展的基石。有些企业在发现能力出众的应聘者后，不做任何背景调查，便和其签订劳动合同，事后发现对方并没有和原单位解除劳动合同，这时，如果原单位追究，企业则会承担一定的法律风险。

【案例】

谢凤鸣（化名）是某科技发展公司软件开发工程师，由于能力突出，很受老板器重。2019 年 5 月，某科技发展公司出资 10 万元，将谢凤鸣送到英国进行了为期 5 个月的专业技术培训，并和其签订了三年服务期协议，约定谢凤鸣培训回国后，继续为公司服务。

2019 年 10 月，谢凤鸣回国后向某科技发展公司提出升职加薪申请，协商无果后，向公司提出解除劳动合同要求。某科技公司明确表示，双方之前签订了服务期协议，不同意其提前解除劳动合同。谢凤鸣于是不辞而别，跳槽到一家动画产业发展公司，并和该公司签订了三年劳动合同。

某科技公司得知消息后，向劳动仲裁委员会申请仲裁，请求裁决谢凤鸣和某动画产业发展公司对某科技公司损失承担连带赔偿责任。劳动仲裁委员会调查后，支持了某科技公司的请求，裁决谢凤鸣和某动画产业发展公司对某科技公司损失承担连带赔偿责任。

【分析】

某动画产业发展公司仅仅是和谢凤鸣签订了劳动合同，便"莫名其妙"地陷入了谢凤鸣和某科技公司之间的劳动争议，并且要向某科技公司支付赔偿金，是不是很冤枉？答案是否定的，因为某动画产业发展公司在招聘谢凤鸣时，未对其是否与原单位解除劳动合同关系作初步审核。

根据相关法律法规，用人单位招聘尚未解除劳动合同的员工，会面临连带赔偿责任——假如用人单位招聘尚未解除劳动合同的员工给其他单位带来了损失，那么用人单位应当承担连带赔偿责任。

所谓"连带赔偿责任"，是指用人单位和劳动者承担相同数额的赔偿责任，没有百分比的限制。连带责任人对外是没有份额限制的，在承担责任时，也不区分先后次序。简而言之，就是当权利人提出请求时，各责任人不得以超过自己应承担的部分而拒绝。

【法律法规】

《劳动法》第九十九条：

用人单位招用尚未解除劳动合同的劳动者，对原用人单位造成经济损失的，该用人单位应当依法承担连带赔偿责任。

《违反〈劳动法〉有关劳动合同规定的赔偿办法》第六条：

用人单位招用尚未解除劳动合同的劳动者，对原用人单位造成经济损失的，除该劳动者承担直接赔偿责任外，该用人单位应当承担连带赔偿责任。其连带赔偿的份额应不低于对原用人单位造成经济损失总额的百分之七十。向原用人单位赔偿下列损失：

（一）对生产、经营和工作造成的直接经济损失；

（二）因获取商业秘密给原用人单位造成的经济损失。

赔偿本条第（二）项规定的损失，按《反不正当竞争法》第二十条的规定执行。

《劳动合同法》第九十条：

劳动者违反本法规定解除劳动合同，或者违反劳动合同中约定的保密义务或者竞业限制，给用人单位造成损失的，应当承担赔偿责任。

《最高人民法院关于审理劳动争议案件适用法律问题的解释（一）》第二十七条：

用人单位招用尚未解除劳动合同的劳动者，原用人单位与劳动者发生的劳动争议，可以列新的用人单位为第三人。

原用人单位以新的用人单位侵权为由向人民法院起诉的，可以列劳动者为第三人。

原用人单位以新的用人单位和劳动者共同侵权为由向人民法院起诉的，新的用人单位和劳动者列为共同被告。

【法律建议】

用人单位在招聘时，如何避免因录用未解除劳动关系的劳动者而被原单位追责承担连带赔偿责任呢？

1. 录用时，要求劳动者提供与原单位解除或终止劳动关系的证明。用人单位对应聘者非常满意决定录用后，可以要求对方提供和原单位已经解除或终止劳动关系的书面证明，验证拟录用的劳动者和原单位是否存在劳动关系。假如拟录用人员未和原单位解除劳动合同，用人单位则不应和其签订劳动合同。

2. 做适当背景调查，并要求劳动者出具已经与原用人单位解除劳动合同的承诺书。在录用前，用人单位可对拟录用劳动者做适当的背景调查，比如委托专业的咨询公司或者律师事务所，向劳动者原来任职的公司、社保部门等相关单位核实。另外，用人单位还可要求拟录用劳动者出具已经和原单位解除劳动合同的承诺书，在今后因劳动者未解除和原单位劳动合同而出现劳动争议甚至诉讼时，可作为证据。

offer 和劳动合同内容不同，员工要求履行 offer 约定条款，企业能答应吗？

有些企业老板对 offer（录用通知书）的法律效力认识模糊，不重视 offer 的内容设定——offer 内的条款比较随意，和之后的劳动合同存在差异，为之后劳动争议甚至劳动诉讼埋下了种子。

【案例】

周海瑞（化名）在面试某国际贸易公司后，收到了公司发送的录用通知书，在录用通知书的相关条款中明确约定了福利待遇包括年度双薪。2020 年 5 月 1 日，周海瑞入职某国际贸易公司，双方签订了三年期劳动合同。

2021 年 9 月 11 日，周海瑞发现某国际贸易公司发放给自己的福利待遇中未包含年度双薪，遂向公司咨询。某国际贸易公司回复称，双方签订的劳动合同中，并未约定年度双薪，一切以劳动合同为准。周海瑞不服，向劳动仲裁委员会申请仲裁，要求裁决某国际贸易公司支付 2020 年度双薪工资 12000 元。劳动仲裁委员会调查后，予以支持。

某国际贸易公司不服劳动仲裁委员会作出的裁决，向法院提起诉讼，请求撤销劳动仲裁委员会作出的裁决。法院庭审期间，某国际贸易公司认可录用通知书的真实性，但认为其和周海瑞签订了劳动合同，具有法律效力，其中并未约定年度双薪，故主张不存在年度双薪。

法院经过审理认为，录用通知书的法律性质属于要约。录用通知书的效力要根据实际情况区别对待：在劳动合同中明确录用通知书条款不再执行时，视为双方达成了新的合意，这种情况下，应当以劳动合同为准；未在劳动合同中明确录用通知书条款不再执行，且录用通知书载明的内容未在劳动合同中出现时，录用通知书应作为劳动合同的附件，和劳动合同具有同等法律效力。

最终，法院判决驳回某国际贸易公司的请求。

【分析】

录用通知书，是用人单位向拟录用劳动者发出的愿意和其建立劳动关系的书面通知书，只要拟录用劳动者作出承诺，便会和用人单位形成合同关系。

录用通知书的法律性质属于要约——根据合同法的相关规定，要约是希望和其他人订立合同的意思表示。对劳动者而言，录用通知书并非劳动合同，可以承诺，也可以不作任何承诺。简单地说，就是劳动者收到用人单位发送的录用通知书后，可以选择接受这份工作，和用人单位签订劳动合同，也可以不接受，且不用承担任何法律后果。

对用人单位而言，录用通知书一旦发出并被劳动者接收，就意味着产生了法律效力，用人单位今后的行为就会受其约束。假如用人单位想要撤销录用通知书，需要在劳动者作出具体承诺之前通知其撤销该要约。但需要注意的是，当劳动者有理由认为要约是不可撤销的，并且为履行合同做了相应的准备工作，或劳动者确定了承诺期限，用人单位是不能撤销该要约的。

在周海瑞和某国际贸易公司的劳动争议中，周海瑞承诺并履行了录用通知书载明的条款，且在之后签订的劳动合同中，某国际贸易公司并未明确录用通知书中的条款不再执行，这是某国际贸易公司败诉的主要原因。

【法律法规】

《中华人民共和国民法典》（以下简称《民法典》）第一百三十七条：

以对话方式作出的意思表示，相对人知道其内容时生效。

以非对话方式作出的意思表示，到达相对人时生效。以非对话方式作出的采用数据电文形式的意思表示，相对人指定特定系统接收数据电文的，该数据电文进入该特定系统时生效；未指定特定系统的，相对人知道或者应当知道该数据电文进入其系统时生效。当事人对采用数据电文形式的意思表示的生效时间另有约定的，按照其约定。

《民法典》第四百七十二条：

要约是希望与他人订立合同的意思表示，该意思表示应当符合下列条件：

（一）内容具体确定；

（二）表明经受要约人承诺，要约人即受该意思表示约束。

《民法典》第四百七十八条：

有下列情形之一的，要约失效：

（一）要约被拒绝；

（二）要约被依法撤销；

（三）承诺期限届满，受要约人未作出承诺；

（四）受要约人对要约的内容作出实质性变更。

【法律建议】

有鉴于录用通知书在劳动争议或诉讼中可能被视为"要约"，为了避免产生不必要的麻烦，规避赔偿风险，用人单位要对录用通知书足够重视。

1.谨慎发送录用通知书。对拟录用劳动者，要确保深思熟虑，最好在完成背景调查、入职体检等流程后，再发出录用通知书。

2. 明确拟录用劳动者的回复期限。用人单位在制作录用通知书时，要明确拟录用劳动者承诺的期限。简单地说，就是要求拟录用劳动者在某一日期前回复，否则用人单位有权取消该录用或者招录他人。

3. 在劳动合同中明确"录用通知书载明的条款不再执行"。虽然录用通知书在拟录用劳动者承诺后同样具有要约效力，但劳动者正式报到入职后，用人单位应当及时和其签订劳动合同，并且在劳动合同中明确"录用通知书载明的条款不再执行"。如此，可有效预防因录用通知书与劳动合同内容不一致而产生的劳动争议。

丧失经营主体资格，企业继续招人，会产生什么后果？

企业因为各种原因丧失了经营主体资格，却继续招聘员工从事经营活动，会面临什么样的法律风险呢？

【案例】

2015 年 11 月 18 日，王德建（化名）注册成立了一家五金加工厂，营业期限为 2015 年 11 月 18 日至 2018 年 12 月 31 日。2019 年，该加工厂注销后，王德建继续从事五金加工业务。

2021 年 6 月 5 日，王保国（化名）经人介绍到王德建开设的五金加工厂工作，王德建和王保国口头约定按照每小时 24 元的标准计酬。2021 年 6 月 25 日，王保国在操作机床时，右手被卷入机器受伤，后经司法鉴定，王保国的伤残等级为十级。

2021 年 9 月 29 日，王保国向劳动仲裁委员会申请仲裁，请求裁决王德建支付一次性工伤赔偿金、医疗费、护理费等共计 10 万余元，劳动仲裁委员会以主体不当为由不予受理，王保国遂向法院提起诉讼。

法院经过审理认为，王德建在加工厂注销后，在固定场所有专门的生产工具，并招聘了一定数量的工人，继续从事五金加工业务，符合"单位"的实质要件。王德建在不具备合法用工主体资格的前提下，继续招聘员工，从事生产经营活动，已经构成非法用工。根据《非法用工单位伤亡人员一次性赔偿办法》，法院判决王德建支付王保国一次性工伤赔偿金、医疗费、护理费等共计 10879.5 元。

【分析】

丧失经营主体资格后，企业继续招聘员工，可能会面临非法用工风险。所谓"非法用工"，具备三大特征：

第一，非法用工的主体是无营业执照或者未经依法登记、备案的单位以及被依法吊销营业执照或者撤销登记、备案的单位，或者使用童工的用人单位。

第二，用人单位有非法从事生产经营的行为。比如，未领取营业执照便开展经营生产活动，注销工厂后继续招工生产，等等。

第三，用人单位有非法用工的事实。用人单位非法招聘劳动者在固定的场合、使用专门的工具从事产生经营活动，向劳动者发放薪酬。

王德建在五金加工厂注销的情况下，继续招聘员工，在固定的场合，利用专业的生产设备，从事生产经营活动，属于非法用工。

【法律法规】

《非法用工单位伤亡人员一次性赔偿办法》第二条：

本办法所称非法用工单位伤亡人员，是指无营业执照或者未经依法登记、备案的单位以及被依法吊销营业执照或者撤销登记、备案的单位受到事故伤害或者患职业病的职工，或者用人单位使用童工造成的伤残、死亡童工。

前款所列单位必须按照本办法的规定向伤残职工或者死亡职工的近亲属、伤残童工或者死亡童工的近亲属给予一次性赔偿。

《劳动合同法》第二十六条：

下列劳动合同无效或者部分无效：

（一）以欺诈、胁迫的手段或者乘人之危，使对方在违背真实意思的情况下订立或者变更劳动合同的；

（二）用人单位免除自己的法定责任、排除劳动者权利的；

（三）违反法律、行政法规强制性规定的。

《最高人民法院关于审理劳动争议案件适用法律问题的解释（一）》第二十九条：

劳动者与未办理营业执照、营业执照被吊销或者营业期限届满仍继续经营的用人单位发生争议的，应当将用人单位或者其出资人列为当事人。

【法律建议】

非法用工看似节省经营成本，却潜伏着巨大的法律和经济风险——用人单位不仅会面临随时被劳动行政部门处罚、取缔的风险，而且一旦出现员工安全事故，还会承担一次性巨额赔偿责任。

为了避免这种用工风险，用人单位要做好两点：

1.合法合规用工。用人单位在未取得营业执照前，不应招聘员工并和其签订劳动合同。假如营业执照未取得但确实有用工需求时，可采用雇用的形式。

2.为员工缴纳社会保险费。用人单位取得营业执照具备用工主体资格后，要为入职的劳动者缴纳社会保险费，一方面让劳动者能够安心工作，另一方面，也能有效规避突发安全事故，转移巨额赔付责任。

第二章

劳动关系确定避险手册

　　雇佣关系和劳动关系有什么区别？外包员工和派遣员工如何安排？搞清楚这些问题，企业老板才能根据具体的工作内容和任务，灵活地选择各种类型的劳动者，在降低用工成本的同时，避开一个个法律高危区。

雇用了一个人，企业和他之间，就一定是劳动关系吗？

有些企业，原本想临时雇用劳动者，但是时间一久，劳动纠纷就产生了，劳动者要求劳动仲裁委员会裁决和企业之间存在劳动关系，并要求企业支付赔偿金。那么，雇用一个人，企业和他之间就一定是劳动关系吗？

【案例】

2020 年 7 月，董亮（化名）根据某公司发布的招聘广告，入职从事网约车司机工作。董亮和某公司签订了《网约车租赁协议》，除了约定董某从某公司租赁轿车的租金、租期，还约定董亮可以自由掌握工作时间以及是否接单。另外，某公司为董某缴纳社会保险费，但双方需按照一定比例分担保费。

2021 年 12 月，董亮以营运收益不理想为由，和某公司协商解除租赁关系。2022 年 1 月，董亮向劳动仲裁委员会申请仲裁，请求裁决其和某公司存在劳动关系，某公司支付自己在职期间的工资报酬和离职赔偿金等。劳动仲裁委员会调查后，裁决董亮和某公司不存在劳动关系，驳回了其全部请求。

董亮不服，向法院提出诉讼，要求法院判决自己和某公司存在劳动关系，某公司支付自己在职期间的工资报酬和离职赔偿金。法院经过审理认为，"建立劳动关系"是指用人单位招用劳动者，劳动者在用人单位依法制定的各项制度的管理下，从事用人单位安排的有报酬并属于用人单位业务组成部分的劳动。本案中，某公司和董亮签订了《网约车租赁协议》，合同约定董亮可自行掌握工作时间及是否接单，且其工作报酬也并非由某公司发放。可见，董亮不管在人格上还是经济上、组织上，对某公司的依附程度都非常弱，不符合劳动关系特征。

最终，法院判定董亮和某公司之间不属于劳动关系，驳回董亮其他请求。

【分析】

用人单位和劳动者之间是雇佣关系还是劳动关系，我们可以从三个方面加以区分：

第一，主体间的地位不同。劳动关系中，用人单位和劳动者之间存在隶属关系，即管理和被管理的关系——劳动者属于用人单位的成员，需要遵守用人单位的规章制度，接受用人单位的领导、管理和指挥。而雇佣关系中，虽然劳动者也在一定程度上接受用人单位的监督、管理和支配，但劳动者是相对独立的，并不需要遵守用人单位的考勤、奖惩、晋升等规章制度。

第二，报酬支付方式不同。劳动关系中，用人单位向劳动者按月、足额并以现金的方式支付工资，而雇佣关系中，劳动者的报酬支付通常由雇佣方一次性支付，也可以双方约定发放报酬的时间、方式。

第三，劳动者是否连续稳定地从事工作。通常而言，劳动关系中的劳动者有长期、持续、稳定的工作，而雇佣关系中，劳动者并不在用人单位连续、稳定地工作，通常都是以完成某项工作为目的。

【法律法规】

《最高人民法院关于审理人身损害赔偿案件适用法律若干问题的解释》（法释

〔2022〕14号）第一条：

雇员在从事雇佣活动中致人损害的，雇主应当承担赔偿责任；雇员因故意或者重大过失致人损害的，应当与雇主承担连带赔偿责任。雇主承担连带赔偿责任的，可以向雇员追偿。

前款所称"从事雇佣活动"，是指从事雇主授权或者指示范围内的生产经营活动或者其他劳务活动。雇员的行为超出授权范围，但其表现形式是履行职务或者与履行职务有内在联系的，应当认定为"从事雇佣活动"。

《关于确立劳动关系有关事项的通知》（劳社部发〔2005〕12号）第一条：

用人单位招用劳动者未订立书面劳动合同，但同时具备下列情形的，劳动关系成立。

（一）用人单位和劳动者符合法律、法规规定的主体资格；

（二）用人单位依法制定的各项劳动规章制度适用于劳动者，劳动者受用人单位的劳动管理，从事用人单位安排的有报酬的劳动；

（三）劳动者提供的劳动是用人单位业务的组成部分。

【法律建议】

为了避免雇佣关系被认同为劳动关系，用人单位在雇用劳动者劳动时，需要注意两点：

1. 从第三方平台（企业）选用灵活用工人员。用人单位从第三方平台（企业）选用灵活用工人员时，要和用工平台（企业）在协议中明确约定：选派的劳动者由用工平台（企业）根据用人单位要求选聘，由用工平台（企业）管理并发放工资。

2. 用人单位对灵活用工人员的管理要区别于正式员工。用人单位要根据具体的工作内容和形式，在协商的基础上，制定比较灵活的管理方式，不要求灵活用工人员遵守全部管理制度，诸如考勤、请假、奖惩等。

非全日制用工劳动者，和用人单位之间存在劳动关系吗？

很多企业老板会想当然地认为，非全日制用工劳动者，即小时工，和企业之间并不存在劳动关系，多聘用小时工，可以大大降低企业的用工成本。那么，非全日制用工劳动者，真的和用人单位之间不存在劳动关系吗？

【案例】

2019年9月10日，任杰（化名）和某餐饮管理公司签订了《小时工用工协议》，自2019年9月10日起，至2020年9月9日止。任杰和某餐饮管理公司在《小时工用工协议》中约定，某餐饮管理公司安排任杰在餐厅收银岗位工作，劳动报酬为每小时22元。2020年9月9日后，任杰继续在某餐饮管理公司工作，后于2021年3月8日辞职。

2021年4月5日，任杰向劳动仲裁委员会申请仲裁，请求确认其和某餐饮管理公司在2019年9月10日至2021年3月8日期间存在劳动关系。劳动仲裁委员会调查后作出裁决：确认任杰和某餐饮管理公司在2019年9月10日至2021年3月8日期间存在劳动关系。

某餐饮管理公司不服，向法院提出诉讼，要求判决撤销劳动仲裁委员会作出的裁决。法院经过审理认为，任杰所从事的工作内容属于某餐饮公司业务的组成部分之一，从双方签订的《小时工用工协议》内容来看，任杰需要遵守用人单位的规章制度，接受其考勤，简而言之，任杰在工作过程中要接受某餐饮管理公司的管理和指挥。另外某餐饮管理公司按月向任杰支付工资。

最终，法院判决任杰和某餐饮管理公司之间存在劳动关系。

【分析】

非全日制用工劳动者，也就是通常说的小时工，和用人单位存在劳动关系吗？从任杰和某餐饮管理公司的劳动诉讼中，我们能得出这样的结论：劳动者和用人单位是否存在劳动关系，不在于每天工作的时长，关键在于两者之间是否符合劳动关系的要件。

第一，用人单位是否要求小时工遵守其规章制度。小时工在同一用人单位的日工作时间不能超过四小时，假如用人单位要求小时工严格遵守单位的考勤制度，每天和正式员工一样，接受考勤，工作八个小时甚至更多，那么"小时工"这个称呼便名存实亡，其和必须遵守用人单位规章制度的正式员工本质上没有什么差别。

第二，用人单位是否按月为小时工发放报酬。假如用人单位直接为小时工发放工资，并且以"月"为单位，在每个月的固定日期发放报酬，那么用人单位和小时工之间便存在劳动关系。因为根据《劳动合同法》第七十二条，非全日制用工劳动报酬结算支付周期最长不得超过十五天。

【法律法规】

《劳动合同法》第六十八条：

非全日制用工，是指以小时计酬为主，劳动者在同一用人单位一般平均每日工作时间不超过四小时，每周工作时间累计不超过二十四小时的用工形式。

《劳动合同法》第七十七条：

劳动者合法权益受到侵害的，有权要求有关部门依法处理，或者依法申请仲裁、提起诉讼。

《关于确立劳动关系有关事项的通知》第一条：

用人单位招用劳动者未订立书面劳动合同，但同时具备下列情形的，劳动关系成立。

（一）用人单位和劳动者符合法律、法规规定的主体资格；

（二）用人单位依法制定的各项劳动规章制度适用于劳动者，劳动者受用人单位的劳动管理，从事用人单位安排的有报酬的劳动；

（三）劳动者提供的劳动是用人单位业务的组成部分。

【法律建议】

用人单位如何避免非全日制用工劳动者主张确认劳动关系呢？

1. 不要求非全日制用工劳动者必须遵守用人单位规章制度。非全日制用工劳动者不必像正式员工那样遵守用人单位制定的奖惩、晋升、绩效等制度。

2. 安排非全日制用工劳动者每天的工作时间控制在四小时以内。用人单位要根据工作内容和工作难度，灵活调整非全日制用工劳动者的工作时间，确保其每天在单位的工作时间不超过四小时。假如工作任务较重，可通过增加人手的方法，弥补工作时间上的限制。

3. 劳动报酬结算支付周期不超过十五天。用人单位可以和非全日制用工劳动者约定劳动报酬结算支付周期，比如每天结算一次，一周结算一次，等等。但用人单位需要注意，最长结算支付周期不得超过十五天。

劳务关系下的劳动者和用人单位之间，一点关系都没有吗？

劳务关系下，劳动者和用人单位之间不签订劳动合同，没有建立完全的管理和被管理关系，不存在劳动关系，很多用人单位便觉得劳动者和自己没有一点关系，真的是这样吗？

【案例】

魏兵（化名）常年受雇于某木材加工厂，双方之间未签订书面合同，仅仅口头约定木材厂有活儿时魏兵随叫随到，按照每次干活的工作量结算报酬。2021年8月，某家具公司雇用某木材厂加工木材，某木材加工厂老板带领魏兵到某家具厂指定工作场所干活时，魏兵不小心从高处坠落，经诊断为头部外伤、右肩关节功能障碍，住院治疗93天，共花费医药费41749.12元。

事故发生后，某木材加工厂和某家具厂共支付给魏兵13000元医疗费。出院后，魏兵要求某木材加工厂和某家具厂赔偿经济损失，双方协商不成，魏兵将某木材加工厂和某家具厂告上法院。

庭审期间，某家具厂老板辩称，魏兵是某木材加工厂雇员，其接受某木材加工厂的管理，薪酬也由某木材加工厂发放，和家具厂没有任何关系，之前出于人道关怀，和某木材加工厂共同出资13000元，已经仁至义尽，之后并不存在任何经济赔偿义务。

法院经过审理认为，魏兵受雇于某木材加工厂，双方存在雇用关系，某木材加工厂又受雇于某家具厂，某家具厂和魏兵之间存在劳务关系。某木材加工厂老板带领魏兵到某家具厂指定场所工作，魏兵在指定场所工作时受伤，根据《民法典》，某家具厂和某木材加工厂应共同承担赔偿责任。

最终，法院判决某家具厂和某木材加工厂共同赔偿魏兵医疗费、误工费、交通费等共计经济损失33602元。

【分析】

所谓"劳务关系"，是指劳动者和用人单位根据口头或者书面约定，由劳动者向用人单位提供一次性的或者特定的劳动服务，用人单位按照事先约定向劳动者支付劳务报酬的一种有偿服务的法律关系。

魏兵和某木材加工厂之间的关系，属于雇佣关系——魏兵和某木材加工厂在地位是上是不平等的，双方之间具有服从和支配的关系，魏兵在工作上要接受某木材加工厂的监督管理，按照其意志提供相应劳动。

魏兵和某家具厂之间的关系则属于劳务关系——魏兵受雇于某木材加工厂，而某木材加工厂和某家具厂之间则是平等的民事权利义务关系，某木材加工厂提供劳务服务，某家具厂支付劳务报酬，彼此之间只体现财产关系，不存在行政隶属关系。因此，作为某木材加工厂雇员的魏兵，和某家具厂之间属于劳务关系。

魏兵在某家具厂指定的工作场地从事指定工作期间受伤，某家具厂应当承担连带赔偿责任。

【法律法规】

《民法典》第一千一百九十二条：

个人之间形成劳务关系，提供劳务一方因劳务造成他人损害的，由接受劳务一方承担侵权责任。接受劳务一方承担侵权责任后，可以向有故意或者重大过失的提供劳务一方追偿。提供劳务一方因劳务受到损害的，根据双方各自的过错承担相应的责任。

提供劳务期间，因第三人的行为造成提供劳务一方损害的，提供劳务一方有权请求第三人承担侵权责任，也有权请求接受劳务一方给予补偿。接受劳务一方补偿后，可以向第三人追偿。

【法律建议】

在劳务关系中，用人单位如何才能确保自身不陷入劳动纠纷中，避免支付较大数额的经济赔偿呢？

1. 督促劳务提供单位为劳动者缴纳社会保险费。用人单位要督促劳务提供单位或者个人，为员工缴纳社会保险费，为雇工缴纳工伤保险费，可有效避免安全事故发生时支付巨额经济赔偿。

2. 在劳务合同中明确双方权责。在签订劳务合同时，用人单位要在合同条文中明确自身和劳务提供单位（个人）间的权责，约定由劳务提供单位（个人）原因导致劳动者权益受损的，用人单位有权向劳务提供单位（个人）追责，明确经济赔偿的数额。

3. 对劳动者进行必要的技能培训。用人单位除了要提供安全的工作环境，条件允许时，还可以为劳动者提供技能培训，提升其工作技能，强化其安全意识，可有效避免工作时出现安全事故。

劳务派遣员工出事，企业觉得和自己没关系，是对还是错？

员工是其他公司派遣过来的，和自己没有劳动关系，这种用工方式对企业而言，是不是零风险呢？劳务派遣员工出事，企业觉得和自己没有任何关系，这种想法对吗？

【案例】

2020 年，龚成（化名）入职某劳务服务有限公司，签订了两年劳动合同，自 2020 年 2 月 1 日起，至 2022 年 1 月 31 日止。2020 年 3 月，某劳务服务有限公司和某保安公司签订了劳务派遣协议书，某劳务服务有限公司派遣龚成为某保安公司提供劳务。2020 年 4 月 23 日，某保安公司和某发电公司签订了安保服务合同，约定由某保安公司为某发电公司提供安保服务。

2020 年 6 月 20 日 21 时，龚成驾驶登记在某发电公司名下的未开启前照灯的小客车，在巡逻过程中，和前方顺行行走的赵某某相撞，造成赵某某右侧股骨头粉碎性骨折。公安交通管理部门随后做出事故认定书，认定龚成承担事故全部责任，赵某某无责。

赵某某将龚成、某保安公司、某劳务服务有限公司、某发电公司以及小客车投保保险公司起诉至法院，要求各被告共同赔偿其损失。

法院经审理认定，某劳务服务有限公司为劳务派遣单位，某保安公司为实际用人单位。在龚成和赵某某的交通事故中，无证据显示某劳务有限公司和某发电公司存在过错，不承担责任。实际用人单位某保安公司的工作人员龚成在执行工作过程中造成他人人身损害，由用人单位某保安公司承担保险范围之外的赔偿责任。

最终，法院判决某保安公司赔偿龚成保险范围之外损失112540元。

【分析】

所谓"劳务派遣"，是指劳务派遣单位和被派遣劳动者签订劳动合同，由被派遣劳动者向用人单位输出劳务，用人单位向劳务派遣单位支付相应费用。

第一，劳务派遣用工形式下，劳务派遣单位和被派遣劳动者之间存在劳动关系。劳务派遣单位和被派遣劳动者签订劳动合同，为被派遣劳动者缴纳各项社会保险，发放工资，因此，劳务派遣单位和被派遣劳动者之间存在劳动关系。

第二，用人单位和被派遣劳动者之间存在劳务关系。用人单位作为实际得到劳动给付的一方，需要为被派遣员工提供实现劳动给付的工作岗位和其他劳动条件，对其进行相应的组织、管理、培训和监督。

简而言之，在被派遣员工出事后，劳务派遣单位和实际用人单位谁有责任，谁就需要承担赔偿。具体到龚成驾车致使赵某某严重受伤的交通事故，实际用人单位某保安公司因是龚成的实际管理人，需要承担相应赔偿责任。

【法律法规】

《民法典》第一千一百九十一条：

用人单位的工作人员因执行工作任务造成他人损害的，由用人单位承担侵权责任。用人单位承担侵权责任后，可以向有故意或者重大过失的工作人员追偿。

劳务派遣期间，被派遣的工作人员因执行工作任务造成他人损害的，由接受劳务派遣的用人单位承担侵权责任；劳务派遣单位有过错的，承担相应的责任。

【法律建议】

作为实际用人单位，企业如何规避派遣来的员工出事自身承担连带赔偿责任呢？

1.要求劳务派遣单位出示和被派遣员工签订的劳动合同，查看是否为其缴纳各项社会保险费。为了最大限度避免被派遣员工出事时的连带责任，用人单位在接收被派遣员工前，应要求劳务派遣单位出示与被派遣员工签订的劳动合同，确认双方之间存在劳动关系。另外，还应查看劳务派遣单位是否为被派遣员工缴纳养老保险、医疗保险、失业保险、工伤保险和生育保险，假如未缴纳，用人单位可以拒绝接收。

2.为被派遣员工营造安全的工作环境。用人单位要为被派遣员工营造舒适、安全的工作环境，在被派遣员工顺利开展劳动、提供服务的同时，确保其人身安全。

3.履行用人单位责任，严格执行各项安全生产措施。作为实际用人单位，对被派遣员工有组织、管理、监督等责任，因此用人单位要严格落实各项规章制度，将各种不安全因素消灭于萌芽之中。

正式员工工资高，被派遣员工工资低，企业需要补差额吗？

虽然相关法律规定，被派遣员工和派遣单位之间存在劳动关系，工资由派遣单位支付，但现实中，被派遣员工往往以"同工同酬"为理由，要求获得与用人单位同岗位员工一样的薪酬。这时，用人单位要补工资差额吗？要如何做，才能避免出现劳动争议呢？

【案例】

2017 年，方辉（化名）通过劳务派遣到某客运公司从事客车司机岗位工作。工作期间，方辉和某客运公司正式客车司机基本工资差不多，但是工资补贴方面，却差了 2000 多元。

2021 年 5 月，劳动合同到期后，方辉将派遣公司和某客运公司一起告上法庭，请求法院判决两被告支付劳动合同期内的工资差额损失和经济补偿。

法院经过审理认为，方辉在某客运公司工作期间，虽然和其他正式员工在工作时间、工作内容上类似，但正式员工都毕业于交通类大学的相关专业。方辉和其他正式员工在职级上也存在很大差别，按照某客运公司内部职级划分，方辉属于初级，而其他正式员工都属于中级或者高级。级别不同，对应的工资补贴数额便不同。另外，方辉和正式员工在工作职能上也存在差别，正式员工除了要完成岗位工作，还要负责维持旅客大厅进出站秩序，而方辉则无该项工作任务。

最终，法院判决驳回方辉的全部诉讼请求，认定某客运公司未违反同工同酬原则。

【分析】

很多劳动者对同工同酬存在误解，想当然地认为，只要岗位相同，就必须拿同样的工资。实际上，同工同酬是有条件的，是指在相同岗位上付出了等量劳动取得了同等业绩的劳动者，应当获得相同的劳动报酬。

简单地说，想要拿同样的薪酬，"同工"是前提，假如不同工，同酬便无从谈起。根据相关法律法规，同工应具备三个条件：

第一，劳动者的工作岗位和工作内容相同。同工的一个重要前提是，劳动者所处的工作岗位必须是完全一致的，且工作内容也要完全相同。两个不同的工作岗位，或者同一岗位上从事不同的工作内容，都谈不上同工。

第二，在相同的工作岗位上取得了和别人相同的工作业绩。劳动者在相同岗位上，绩效考核也应相同，假如比其他人的绩效差很多，业绩不突出，甚至完全不及格，那么要求同工同酬是不现实的。

第三，同样的工作量，取得了相同的工作业绩。假如一方比另一方低很多，则不会被视为同工。

可见，劳动者想要证明同工，条件还是非常苛刻的。

【法律法规】

《劳动法》第四十六条：

工资分配应当遵循按劳分配原则，实行同工同酬。

工资水平在经济发展的基础上逐步提高。国家对工资总量实行宏观调控。

《劳动合同法》第六十三条：

被派遣劳动者享有与用人单位的劳动者同工同酬的权利。用人单位应当按照同工同酬原则，对被派遣劳动者与本单位同类岗位的劳动者实行相同的劳动报酬分配办法。用人单位无同类岗位劳动者的，参照用人单位所在地相同或者相近岗位劳动者的劳动报酬确定。

劳务派遣单位与被派遣劳动者订立的劳动合同和与用人单位订立的劳务派遣协议，载明或者约定的向被派遣劳动者支付的劳动报酬应当符合前款规定。

《劳务派遣暂行规定》第九条：

用人单位应当按照劳动合同法第六十二条规定，向被派遣劳动者提供与工作岗位相关的福利待遇，不得歧视被派遣劳动者。

【法律建议】

用人单位如何做，才能杜绝被派遣员工因提出"同工同酬"而产生的劳动争议甚至劳动诉讼呢？

1. 直接向被派遣员工发放工资。虽然被派遣员工和派遣单位之间存在劳动关系，和用人单位只是劳务关系，工资应该由派遣单位按月支付。但是在实际操作中，被派遣员工的工资是体现在用人单位支付给派遣单位的派遣费用中的。一旦派遣单位侵害被派遣员工的权益，比如克扣工资，用人单位往往会承担连带责任。因此，用人单位直接支付被派遣员工工资，可以在一定程度上避免劳动争议的产生。

2. 完善薪酬制度。劳动相关法律对同工同酬的表述中重点是因岗位而产生的同酬，而不是因人产生的同酬。因此，用人单位应当在薪酬制度中明确"和岗位无关薪酬发放标准"。比如，和员工身份挂钩的福利待遇，便和岗位无关，便不属于"同酬"。

实习生毕业后要求缴纳社会保险费，享受正式员工权益，企业如何回应？

对有些中小企业而言，招收实习生是一个节省人力成本的方法，因为相对于正式员工，实习生的薪酬较低，且不需要缴纳社会保险费。那么，实习生毕业之后，要求用人单位缴纳社会保险费，享受正式员工权益，用人单位要如何回应呢？

【案例】

张泽（化名）系某职业高级中学 2019 届毕业生，2018 年 10 月到山东某医药连锁有限公司求职，顺利通过面试，某医药连锁有限公司同意张泽实习。2018 年 10 月 29 日，张泽和某医药连锁有限公司签订了三年劳动合同。

2019 年 8 月，张泽顺利从某职业高级中学毕业，拿到毕业证后，张泽继续在某医药连锁公司工作，但某医药连锁公司一直未给其办理社会保险。张泽认为某医药有限公司行为违法，遂找老板协商，要求为其缴纳社会保险费。老板却认为张泽在签订劳动合同时身份是实习生，不具备建立劳动关系的主体资格，无法享受社保待遇。

张泽遂向劳动仲裁委员会申请仲裁，要求裁决自己和某医药连锁公司存在劳动关系。劳动仲裁委员会裁决：张泽签订劳动合同时系在校学生，不符合就业条件，不具备建立劳动关系的主体资格，某医药连锁公司和张泽之间的争议不属于劳动争议处理范围，驳回张泽仲裁申请。

张泽不服，向法院提起诉讼，请求法院判决其和某医药连锁公司签订的劳动合同有效。法院经过审理认为，张泽在某医药连锁公司实习时虽然身份是"准毕业生"，但其实习属于就业实习。简而言之，张泽以就业为目的为某医药连锁公司提供劳动，某医药连锁公司为其支付报酬，这种用工形式下，准毕业生和用人单位其他职工一样，以与用人单位建立稳固的劳动关系并获得劳动报酬为目的，接受用人单位的管理，符合劳动关系的认定标准，也符合《劳动法》规定的年龄条件。

最终，法院判决张泽和某医药连锁公司存在劳动关系。

【分析】

实习人员大体上可以分成五类，分别是职业实习人员、勤工助学实习人员、专业实习人员、就业见习人员以及就业实习人员。

职业实习是指在单位通过实践进行一定的专业训练，目的是通过实习增强从事这些专业工作的熟练度，诸如实习律师、实习医师等，这种实习人员和用人单位之间建立的是劳动关系。

勤工助学实习，则是指学生为了改善学习和生活条件，在学校的组织下利用课余时间，通过劳动取得合法报酬的社会实践活动。简而言之，勤工助学实习的主要特征是学校组织，目的在于改善学习和生活条件而非为了获取稳定的劳动报酬来维持生存和发展。因此，这种实习和用人单位之间建立的并非劳动关系。

专业实习由学生所在学校组织，是教学计划的一部分，其内容和学生所学专业相关，目的是提升学生的专业素养，而非获得劳动报酬。因此，专业实习的劳动者和用人单位之间也不存在劳动关系。

就业见习则是指政府相关部门组织离校毕业生到用人单位进行就业实践训练，是一种就业扶植措施。离校的毕业生从用人单位获得的并非劳动报酬，而是政府财政自持的生活补贴。就业见习劳动者和用人单位之间也不存在劳动关系。

张泽在某医药连锁公司的实习则属于就业实习。所谓"就业实习"，是指准毕业生以就业为目的为用人单位提供劳动，用人单位支付劳动报酬的用工形式。这种实习关系下，准毕业生和用人单位正式员工一样，以和用人单位建立稳定的劳动关系并获得劳动报酬为目的，且受用人单位各项规章制度管理，符合劳动关系的认同标准。因此，就业实习劳动者和用人单位之间存在劳动关系。

【法律法规】

《劳动法》第十五条：

禁止用人单位招用未满十六周岁的未成年人。

文艺、体育和特种工艺单位招用未满十六周岁的未成年人，必须遵守国家有关规定，并保障其接受义务教育的权利。

《高等学校学生勤工助学管理办法》第四条：

本办法所称勤工助学活动是指学生在学校的组织下利用课余时间，通过劳动取得合法报酬，用于改善学习和生活条件的实践活动。

《关于贯彻执行〈中华人民共和国劳动法〉若干问题的意见》第二条第（一）项第 12 点：

在校生利用业余时间勤工助学，不视为就业，未建立劳动关系，可以不签订劳动合同。

【法律建议】

用人单位在使用实习生时，如何避免出现劳动争议甚至劳动诉讼呢？

1. 对实习人员做充分调研。为了避免使用实习人员不当出现劳动纠纷，甚至触发相关法律法规，用人单位在使用实习人员时，应对其做充分调研：对方是否为在校学生？年龄是否超过十六岁？距离毕业还有多长时间？毕业后，有没有继续和用人单位签订劳动合同继续工作下去的意愿？

2. 分清实习所属类型。用人单位在和实习生签署相关文件前，要分清实习生所进行的实习所属类型。假如属于就业实习，用人单位应当按照劳动关系来处理，和实行生签订正式劳动合同，等到社会保险费缴纳条件具备后，要及时为对方办理各项社会保险登记。假如实习属于就业见习、专业实习或者勤工助学实习，用人单位则不用按照劳动关系处理。

工作任务外包，企业和外包雇员存在劳动关系吗？

很多企业为了节省用工成本，降低用工风险，喜欢将工作"外包"。那么将工作任务外包后，企业和外包雇员之间真的没有任何关系吗？企业应该如何做，才能最大限度地避免因工作任务外包而产生的劳动纠纷呢？

【案例】

某咨询公司将办公区域的保洁业务外包给了某保洁服务公司，某保洁服务公司指派韩梅梅（化名）到某咨询公司从事保洁工作。工作期间，韩梅梅按照某咨询公司要求，统一穿着印有咨询公司标志的工作服。工作一年后，韩梅梅和某咨询公司协商，要求确认其和某咨询公司存在劳动关系。

某咨询公司认为，公司已经将办公区的保洁业务整体外包给了某保洁服务公司，韩梅梅作为某保洁服务公司的被派遣人员，和某保洁服务公司存在劳动关系。某咨询公司和某保洁服务公司之间建立的是外包合作关系，并非隶属关系，因此，和韩梅梅之间也不存在劳动关系。

多次协商不成，韩梅梅遂向劳动仲裁委员会申请仲裁，要求裁决其和某咨询公司存在劳动关系。劳动仲裁委员会审理后认为，某咨询公司和韩梅梅之间并不存在管理和被管理关系，韩梅梅不能仅仅凭借穿着某咨询公司工作服这一条件，便推定自己和某咨询公司存在劳动关系。

最终，劳动仲裁委员会裁决韩梅梅和某咨询公司之间不存在劳动关系。

【分析】

劳务外包是指用人单位（发包单位）将某项业务承包给其他单位（个人），由承包单位（个人）自行安排人员按照用人单位（发包单位）的要求完成指定的任务或工作的用工形式。

仔细剖析，劳务外包主要有三大特征：

第一，用人单位（发包单位）和承包单位之间属于契约关系。用人单位（外包单位）和承包单位之间签署外包合同，就某项任务或工作内容作出约定，彼此之间建立起了民事上的契约关系。

第二，用人单位（发包单位）和承包单位之间仅存在经济利益。承包单位从用人单位（发包单位）承包某项任务或者工作的目的是承包费，除此之外，两者之间不存在任何关系。

第三，承包单位和其所雇用的劳动者建立劳动关系。承包单位与被雇用的劳动者签订劳动合同，为其缴纳各项社会保险费，对其进行管理和支配，而用人单位（发包单位）则不会直接管理和支配承包单位的劳动者。

【法律法规】

《关于审理劳动争议案件若干问题的解答》（上海市高院民一庭2002年2月6日）：

不接受用人单位管理、约束、支配，以自己的技能、设施、知识承担经营风险，基本不用听从单位有关工作指令，与用人单位没有身份隶属关系的，不是用人单位的劳动者，人民法院可根据双方关系的实际状况来确定双方的法律关系。

《关于确立劳动关系有关事项的通知》第一条：

用人单位招用劳动者未订立书面劳动合同，但同时具备下列情形的，劳动关系成立。

（一）用人单位和劳动者符合法律、法规规定的主体资格；

（二）用人单位依法制定的各项劳动规章制度适用于劳动者，劳动者受用人单位的劳动管理，从事用人单位安排的有报酬的劳动；

（三）劳动者提供的劳动是用人单位业务的组成部分。

【法律建议】

外包单位如何拒绝承包单位雇用的劳动者提出种种要求，避免吃"哑巴亏"呢？在实际操作中，外包单位需要做好三点：

1.劳务外包时，避免出现名为劳务外包实为劳务派遣的情形。外包单位在劳务外包时，要杜绝以劳务外包之名，行劳务派遣之实。比如，用人单位将某项业务发包给其他单位，但承包单位的劳动者却接受用人单位的指挥管理，需按照用人单位的安排提供劳动，这种情形，被便被认定为劳务派遣关系而非劳务外包关系。

2.选择具备合法经营资质、信誉良好的外包单位。发包单位在选择外包单位时，要选择那些具备合法经营资质的，在行业内拥有良好信誉的企业或个人。确定合作意向后，外包单位还应督促承包单位落实各项劳动者保障责任，严格执行劳动保障法律法规，依法依规用工，和劳动者签订劳动合同，办理各项社会保险登记。

3.在外包合同中明确承包单位在员工薪酬、社会保险费、福利、安全卫生等方面的义务和责任，防止作为第三方陷入劳动纠纷。由于发包单位不直接和劳动者签订劳动合同，一旦劳动者在薪酬、社会保险费、福利、安全卫生等方面得不到相应的保障，不但会导致员工工作积极性下降，外包单位还可能成为劳动者和承包单位中的第三方，承担连带责任。

以加盟方式扩大经营，加盟企业员工和总部之间存在劳动关系吗？

有些企业为了快速扩大经营规模，提升盈利能力，采用加盟形式，在某一地区和其他企业或者个体经营者签订加盟合同，开设加盟店。那么，这些加盟店员工和总部之间存在劳动关系吗？

【案例】

2019年7月，张女士入职某品牌餐饮企业银川市新华街分店，担任前台收银员。入职后，张女士在该品牌餐饮企业总部接受了为期10天的专业技能培训，之后回到银川新华街分店工作。在职期间，某品牌餐饮企业银川新华街分店一直未与张女士签订劳动合同，每月15日会通过银行转账的方式向张女士发放工资。

2020年6月10日，张女士从某品牌餐饮企业银川新华街分店离职。2020年6月20日，张女士向劳动仲裁委员会申请仲裁，要求裁决其和某品牌餐饮公司之间存在劳动关系，某品牌餐饮公司总部向其支付未签订劳动合同二倍工资差额。劳动仲裁委员会调查后，未支持张女士的请求。张女士不服，遂向法院提起诉讼，请求判决某品牌餐饮公司总部向其支付未签订劳动合同二倍工资差额。

庭审过程中，某品牌餐饮公司总部出示了和某商业公司签订的《加盟协议书》，认为自身和张女士之间并不存在劳动关系，表示银川市新华街店只是其加盟店，该店独立经营，独立管理，公司总部只负责对新员工进行短期培训，并不参与加盟店员工的管理，也不负责发放加盟店员工的薪酬。

第二次开庭审理期间，某商业公司主动出庭说明情况，出示了加盟费支付记录，同时认可自身和张女士之间存在劳动关系，但表示已经以商业公司的名义和张女士签订了二年期劳动合同。

最终，法院判决张女士和某品牌餐饮公司之间不存在劳动关系。

【分析】

连锁经营通常可以分为直营店和加盟店两种形式。

直营店，顾名思义，是指品牌企业直接经营的零售门店。品牌企业开设的直营店，员工接受品牌企业直接管理，薪酬由品牌企业发放，社会保险费由品牌企业缴纳。因此，直营店员工和品牌企业之间的关系是劳动关系。

加盟店，是指某一品牌企业收取加盟费后，授权其他企业法人或者企业法人分支机构使用其品牌名称、销售其产品的门店。加盟店在法律性质上，其实是独立的法人，和品牌企业并没有直接的隶属关系，仅仅是参与到其整体品牌的运营之中。

也就是说，通常情况下，加盟店员工和加盟店实际运营企业之间存在劳动关系，而和品牌企业之间，并不存在劳动关系。

【法律法规】

《关于确立劳动关系有关事项的通知》第一条：

用人单位招用劳动者未订立书面劳动合同，但同时具备下列情形的，劳动关系成立。

（一）用人单位和劳动者符合法律、法规规定的主体资格；

（二）用人单位依法制定的各项劳动规章制度适用于劳动者，劳动者受用人单位的劳动管理，从事用人单位安排的有报酬的劳动；

（三）劳动者提供的劳动是用人单位业务的组成部分。

【法律建议】

作为品牌企业，在采取加盟店模式扩大经营规模时，为了避免因劳动关系不清而和加盟店员工产生纠纷，甚至被加盟店员工告上法庭，浪费大量人力物力，需要做好三点：

1. 选择信誉良好的加盟伙伴。品牌企业在选择加盟伙伴时，要优先选择信誉良好的企业。信誉良好的企业，对待员工更加人性化，不仅会签定劳动合同，按时发放工资，而且还有较为优渥的福利。这种情况下，出现劳动纠纷的概率便会趋于零。

2. 在加盟协议中明确加盟店员工劳动关系。品牌企业在和加盟方签订加盟协议时，要有明确加盟店员工劳动关系归属的专门条文，诸如"加盟店和店内员工之间存在劳动关系，对其进行培训和管理，为其发放工资，缴纳社会保险费"。

3. 公示加盟店和品牌企业关系。品牌企业可以在加盟店内公示加盟店和品牌企业之间的关系，讲清楚员工和加盟店、品牌企业之间的关系。

第三章

巧设劳动合同，避免碰触"争议陷阱"

劳动合同内容非常丰富，约定了员工的工作内容、工作地点、职级薪酬等，是员工的护身符。其实，劳动合同利用得好，设置得巧妙，也能成为企业的避雷针，能够让企业远离劳动争议陷阱。

已发送录用通知书，应聘者承诺接受，企业可以反悔拒其入职吗？

　　企业对应聘者非常满意，认为其非常适合招聘岗位，遂向其发送录用通知书，应聘者收到后也表示接受。但是之后，由于种种原因，企业又想撤销招聘岗位，这时企业可以反悔拒绝新员工入职吗？

【案例】

　　2021年夏天，A公司通过网络对外发布了一则招聘广告，面向社会招聘土建工程师。谢某某看到该公司的招聘信息后，认为岗位非常适合自己，遂投递了简历。面试结束后，A公司向谢某某的电子邮箱发送了录用通知书，告知了工作内容、工作地点、月薪等事项。谢某某收到邮件后，立即回复了"非常高兴成为A公司的一员"。

　　之后，谢某某按照A公司人力资源部经理的要求，进行了体检，办理了原单位的法定离职证明。但是当谢某某按照约定日期到A公司报到时，却被告知土建工程师岗位目前并不需要增加人员，拒绝其入职。

　　谢某某此前已经从原单位离职，并且办理了社会保险费停缴等手续，A公司拒绝录用，让他损失巨大，于是他将A公司告到法院，要求法院判定A公司赔偿其三个月的薪酬、体检费等损失共计38000元。

　　法院经过审理认为，A公司向谢某某发送了录用通知书，而谢某某也回复了"非常高兴成为A公司的一员"，此后也通过微信和A公司人力资源部经理商定了入职相关事项，意味着A公司和谢某某之间已经完成了要约和承诺。之后，谢某某出于被A公司录用的缘由，和原单位解除了劳动合同并办理了离职手续，但A公司却出于自身原因拒绝录用谢某某，存在明显过错，应当承担赔偿责任。因此，法院在综合考虑谢某某月工资标准、从原单位离职时间等因素后，依法判定A公司赔偿谢某某各项经济损失23000元。

【分析】

A公司为什么会被谢某某告到法院呢？在和谢某某的诉讼中，A公司又为什么处于被动地位呢？原因很清楚，A公司犯了两个错误：

第一，未意识到录用通知书的法律性质。员工录用通知书的法律性质为"要约"。根据《民法典》相关条文，要约一经发出即对要约人产生法律约束力，除了法定期限、法定情形下，是不能撤回和撤销的。受要约人在收到要约后，如果选择同意并通知了要约人，则双方都不得违反，否则要承担违约责任。A公司对录用通知书的"要约"属性了解不足，是造成其和谢某某出现劳动争议并被起诉的主要原因。

第二，未遵从谨慎发送录用通知书原则。A公司在没有厘清自身岗位设置的前提下，便向谢某某发送录用通知书，显然是不合适的。因为一旦发送录用通知书且应聘者承诺入职后，企业再以自身原因拒绝录用应聘者的话，便会碰触劳动法规红线。

【法律法规】

《民法典》第四百七十二条：

要约是希望与他人订立合同的意思表示，该意思表示应当符合下列条件：

（一）内容具体确定；

（二）表明经受要约人承诺，要约人即受该意思表示约束。

《民法典》第五百条：

当事人在订立合同过程中有下列情形之一，造成对方损失的，应当承担赔偿责任：

（一）假借订立合同，恶意进行磋商；

（二）故意隐瞒与订立合同有关的重要事实或者提供虚假情况；

（三）有其他违背诚实信用原则的行为。

【法律建议】

为了避开"发送录用通知书后又拒绝录用"的劳动争议陷阱，企业应当谨慎对待录用通知书。

1. 厘清岗位需求后再发送。岗位需要哪种类型的人才，需要多少人，企业需要事先厘清，然后按岗定人，确定招聘人才的类型和数量。这样，可以有效避免"发送录用通知书后又拒绝录用"。

2. 企业在应聘者作出承诺前书面通知撤销录用通知书。录用通知书发出后，企业并非完全没有办法撤销，只要在应聘者还未作出承诺前，送达书面形式通知其撤销录用通知书即可。

未和员工签订劳动合同，企业能随时和其终止劳动关系吗？

一些中小企业负责人，出于"随时能和员工解除劳动关系"的用工灵活性心理，倾向于不和员工签订劳动合同。其实，不签劳动合同和用工灵活性并没有什么必然关系，相反，在员工入职后没有立即和其签订劳动合同，企业很可能落得个"赔了夫人又折兵"的下场。

【案例】

2020年，王某某入职杭州市一家科技公司，负责该公司的软件开发工作。入职时公司负责人并未与王某某签订劳动合同，仅仅以口头通知的形式，告知其每月工资8000元。7个月后，该公司负责人出于节省运营成本的考虑，在没有事前通知的情况下，突然将王某某解雇。

王某某认为自己工作期间不存在重大过错，且和公司存在劳动关系，很难接受被辞退的结果。而这家科技公司的负责人则认为公司和王某某之间没有签订劳动合同，因此并不存在劳动关系，公司有权随时将其辞退。

王某某不服，遂向法院提起诉讼，请求判令该科技公司支付其工作期间未签订劳动合同的双倍工资差额。作为被告的这家科技公司负责人依然主张，公司没有和王某某签订劳动合同，双方之间并不存在劳动关系，可以随时辞退王某某，且不需向其支付任何费用。

经过调查，法院认为，通过王某某提交的工作证、工资发放记录、收入证明等可以确定，王某某在该科技公司工作，且在王某某入职一个月后，该公司未和其签订劳动合同，与该科技公司存在实际劳动关系。最终法院判定该科技公司支付王某某未签订合同双倍工资差额69333.33元。

【分析】

杭州的这家科技公司的负责人，在用工时存在两大"想当然失误"：

第一，故意不和员工签订劳动合同。该科技公司的负责人，出于灵活用工的考虑，不主动和员工王某某签订劳动合同的做法是非常错误的。根据劳动法相关条文，能不能辞退员工，和签没签劳动合同，并没有直接关系。不和员工签订劳动合同，企业反而会面对支付双倍工资差额的风险。

第二，无故辞退员工。企业能够随随便便就辞退员工吗？答案是否定的。在员工没有出现重大过错、未严重违反用人单位规章制度等情况下，员工的劳动权是受《劳动合同法》保护的。该科技公司在没有正当理由且未提前通知员工的前提下，突然辞退员工，不仅引发了劳动争议，还让自身在诉讼中承受了较大的经济损失。

【法律法规】

《劳动合同法》第八十二条：

用人单位自用工之日起超过一个月不满一年未与劳动者订立书面劳动合同的，应当向劳动者每月支付二倍的工资。

用人单位违反本法规定不与劳动者订立无固定期限劳动合同的，自应当订立无固定期限劳动合同之日起向劳动者每月支付二倍的工资。

《劳动合同法》第三十九条：

劳动者有下列情形之一的，用人单位可以解除劳动合同：

（一）在试用期间被证明不符合录用条件的；

（二）严重违反用人单位的规章制度的；

（三）严重失职，营私舞弊，给用人单位造成重大损害的；

（四）劳动者同时与其他用人单位建立劳动关系，对完成本单位的工作任务造成严重影响，或者经用人单位提出，拒不改正的；

（五）因本法第二十六条第一款第一项规定的情形致使劳动合同无效的；

（六）被依法追究刑事责任的。

《劳动合同法》第四十条：

有下列情形之一的，用人单位提前三十日以书面形式通知劳动者本人或者额外支付劳动者一个月工资后，可以解除劳动合同：

（一）劳动者患病或者非因工负伤，在规定的医疗期满后不能从事原工作，也不能从事由用人单位另行安排的工作的；

（二）劳动者不能胜任工作，经过培训或者调整工作岗位，仍不能胜任工作的；

（三）劳动合同订立时所依据的客观情况发生重大变化，致使劳动合同无法履行，经用人单位与劳动者协商，未能就变更劳动合同内容达成协议的。

【法律建议】

企业要如何做，才能在不付出经济代价的前提下，解除和员工之间的劳动关系呢？

1.员工入职后，立即和其签订劳动合同。劳动合同，不仅对员工而言是保障，对企业而言，同样是保障——企业和员工经过平等协商，在劳动合同中明确解除劳动关系条款，可以让企业巧妙避开之后解除劳动关系时可能出现的争议，掌握更高的用工自由度。

2.依法辞退员工。企业辞退员工，必须要依法合规进行。企业可以结合《劳动合同法》相关条文中的规定，提前一个月向员工下达书面解除劳动关系通知书，并按照规定给予其一定经济补偿。

员工入职后，拒绝签订劳动合同，公司能立即解雇他吗？

有些员工在入职后，对立即签订劳动合同不感冒，总是找各种理由拖延和公司签订劳动合同。这时，公司为了避免以后出现劳动争议，能够立即解雇员工吗？

【案例】

2021年3月4日，段先生通过某广告公司面试，入职该公司从事平面设计工作。一周后，公司陆续和新入职员工签订劳动合同。但段先生并不打算在某广告公司长期工作，认为签订劳动合同后，自己就被绑定在这家公司，不利于以后入职其他公司，因此，段先生以"身份证丢失且未记住身份证号码"为理由，一直拖延。

此后，某广告公司人力资源部多次找段先生协商签订劳动合同事宜，但他都以各种借口为由，拒绝签订。2021年4月1日，某广告公司以书面形式通知段先生，与其解除劳动关系。段先生对某广告公司的决定不服，认为自己在工作期间服从领导工作安排，并未违反公司任何规章制度，不应被解雇。段先生认为某广告公司解雇自己违法，要求其支付二倍工资作为补偿。某广告公司认为段先生屡次拒绝签订劳动合同，与其解除劳动关系合情合法，因此拒绝段先生提出的二倍工资赔偿要求。

段先生不服，向当地劳动仲裁委员会申请仲裁。当地劳动仲裁委员会经过审理后认为，根据《劳动合同法》规定，自用工一个月内，经用人单位书面通知后，劳动者不与用人单位签订劳动合同的，用人单位有权和劳动者解除劳动关系，且无须向劳动者支付二倍工资。最终，当地劳动仲裁委员会裁定：因段先生入职一个月内，多次拒绝和某广告公司签订书面劳动合同，某广告公司将其解雇，除了正常支付工资，无须支付二倍工资，更无须向其支付其他经济补偿。

【分析】

某广告公司在和段先生的劳动争议中，之所以能够处于有利地位，避免支付任何经济赔偿，原因在于其做对了两点：

第一，在段先生入职后，立即要求和其签订劳动合同。根据《劳动合同法》相关条文，用人单位在劳动者入职一个月内，应当与其签订劳动合同。某广告公司在段先生入职一周后，便提出与其签订劳动合同。在段先生借故拖延时，某广告公司多次与其协商，行为合情合法，让自身在今后的劳动争议中始终处于有利地位。

第二，在段先生入职未满一个月时果断将其解雇。段先生一直借故不签订劳动合同，对某广告公司而言，便是一个潜在的用工风险源。为了避免今后出现不可控的劳动争议，某广告公司果断解除和段先生之间的劳动关系，是非常正确的选择——段先生自身有错，且入职未满一个月，某广告公司将其解雇，除了工资，并不需要额外支付任何赔偿。

【法律法规】

《中华人民共和国劳动合同法实施条例》(以下简称《劳动合同法实施条例》)

第五条：

自用工之日起一个月内，经用人单位书面通知后，劳动者不与用人单位订立书面劳动合同的，用人单位应当书面通知劳动者终止劳动关系，无需向劳动者支付经济补偿，但是应当依法向劳动者支付其实际工作时间的劳动报酬。

《劳动合同法实施条例》第六条：

用人单位自用工之日起超过一个月不满一年未与劳动者订立书面劳动合同的，应当依照劳动合同法第八十二条的规定向劳动者每月支付两倍的工资，并与劳动者补订书面劳动合同；劳动者不与用人单位订立书面劳动合同的，用人单位应当书面通知劳动者终止劳动关系，并依照劳动合同法第四十七条的规定支付经济补偿。

前款规定的用人单位向劳动者每月支付两倍工资的起算时间为用工之日起满一个月的次日，截止时间为补订书面劳动合同的前一日。

【法律建议】

劳动者入职，却坚持不签订劳动合同，对用人单位而言，并不是什么好事，因为，今后一旦出现劳动争议，用人单位往往会处于极其不利的地位。

1. 劳动者在入职后不愿意签订劳动合同，用人单位要快刀斩乱麻，在其入职一个月期满前，立即以书面通知的形式，与其解除劳动关系。因为，用工在一个月以内的，除了支付劳动者工资，用人单位无须支付其他经济补偿。

2. 用人单位人力资源部要保存好谈话记录、签订劳动合同通知书等证据，有了这些证据，一旦之后发生劳动争议，劳动者要求用人单位给予其他经济赔偿，用人单位通过举证，可立于不败之地。

招聘女员工，在劳动合同中限制其生育，可行吗？

在女员工结婚、生育期间，企业不仅要安排其他员工顶岗，还要按时发放工资，用工成本必然会大大增加。因此，很多企业在招聘女员工时，喜欢在劳动合同中加入一些限制其生育的条款，这样做，有法律风险吗？

【案例】

2021年，李女士投递简历后，被一家房地产公司录用，从事行政文员工作。入职后，李女士在和房地产公司签订劳动合同时，发现里面专门列出了这样一项条款：新入职员工，36个月内不可孕育，违反该条视为违约，按本人辞职处理。

因为当时李女士还未结婚，生孩子更是遥远的事情，因此对这一条款，并没有提出异议，在劳动合同上签署了自己的名字。但是入职一年后李女士意外怀孕，在家人的要求下，李女士打算和男友闪婚，并生下孩子。当李女士将自己怀孕的消息告知公司后，公司负责人以李女士违反劳动合同条文为由，与其解除了劳动合同，并同日出具了解除劳动合同证明书。

李女士认为公司与她解除劳动合同，侵犯了她的合法权益，遂向当地劳动仲裁委员会提出劳动仲裁，要求公司支付赔偿金13680元。劳动仲裁委员会经过调查认为，该房地产公司在和女员工签订劳动合同时，没有遵守相关劳动法规，出现限制女员工生育的条文内容。因此，该房地产公司和李女士签订劳动合同中的"新入职员工，36个月内不可孕育，违反该条视为违约，按本人辞职处理"，属于无效条款。因此，劳动仲裁委员会支持了李女士的诉求，裁定该房地产公司向李女士支付非法解除劳动合同赔偿金。

该房地产公司不服劳动仲裁委员会的裁定并诉至法院，认为自身在和李女士签订劳动合同时，并未强迫其放弃生育权利，而是在协商基础上，李女士自愿放弃了自己的权利。法院经过审理后认为，该房地产公司在劳动合同中设定的限制李女士生育的条款，违反了《劳动合同法》，此后依据该条文和李女士解除劳动合同的行为非法。因此，法院最终驳回了该房地产公司的申请，判决其向李女士支付非法解除劳动合同赔偿金13680元。

【分析】

女性生育权是受到法律保护的，任何个人和企业都无权限制。该房地公司意图通过在劳动合同中设立相关限制女性员工生育的条款，以"员工自愿"来规避受到法律惩处，是很幼稚的行为。

第一，劳动合同中违法违规性条文，都是无效的。企业想要将自身诉求夹带在劳动合同中，限制员工之后的行为，一个最重要的前提是必须合法，否则，劳动合同中的相关条文便不会产生任何效力。该房地产公司为了降低用工成本，在劳动合同中增设的"新入职员工，36个月内不可孕育，违反该条视为违约，按本人辞职处理"条文，显然违反了《中华人民共和国妇女权益保障法》（以下简称

《妇女权益保障法》）和《劳动合同法》。

第二，在女员工孕期单方面解除劳动合同，也不受法律法规支持。出于保护女性员工权益的目的，相关劳动法规规定，在没有重大过错的前提下，用人单位是不能单方面解除劳动合同的。该房地产公司在李女士怀孕期间与其解除劳动合同的行为，让其在之后和李女士的劳动争议和诉讼中，处于被动地位。

【法律法规】

《妇女权益保障法》（2018年修正）第二十三条：

各单位在录用职工时，除不适合妇女的工种或者岗位外，不得以性别为由拒绝录用妇女或者提高对妇女的录用标准。各单位在录用女职工时，应当依法与其签订劳动（聘用）合同或者服务协议，劳动（聘用）合同或者服务协议中不得规定限制女职工结婚、生育的内容。禁止录用未满十六周岁的女性未成年人，国家另有规定的除外。

《劳动合同法》第二十六条：

下列劳动合同无效或者部分无效：

（一）以欺诈、胁迫的手段或者乘人之危，使对方在违背真实意思的情况下订立或者变更劳动合同的；

（二）用人单位免除自己的法定责任、排除劳动者权利的；

（三）违反法律、行政法规强制性规定的。

对劳动合同的无效或者部分无效有争议的，由劳动争议仲裁机构或者人民法院确认。

《劳动合同法》第二十七条：

劳动合同部分无效，不影响其他部分效力的，其他部分仍然有效。

《劳动合同法》第四十七条：

经济补偿按劳动者在本单位工作的年限，每满一年支付一个月工资的标准向劳动者支付。六个月以上不满一年的，按一年计算；不满六个月的，向劳动者支付半个月工资的经济补偿。

劳动者月工资高于用人单位所在直辖市、设区的市级人民政府公布的本地区上年度职工月平均工资三倍的，向其支付经济补偿的标准按职工月平均工资三倍的数额支付，向其支付经济补偿的年限最高不超过十二年。

本条所称月工资是指劳动者在劳动合同解除或者终止前十二个月的平均工资。

【法律建议】

对企业而言，在劳动合同中限制女员工生育是不智行为，会使自身面临未知的法律风险和巨额经济赔偿。因此，在招聘女员工时，企业应确保劳动合同合法合规。

1.由人力资源部或律师审查劳动合同条款。在拟定劳动合同条文时，企业人力资源部或律师需要逐句逐条审查，确保劳动合同条文不存在违法或可能导致合同无效的内容。

2.通过面试筛选女性员工。虽然在劳动合同中不能限制女性员工的生育权，但企业却可以在面试环节做文章。比如，企业要招聘已婚已育女性从事行政文员岗位，面试时可通过询问"有几个孩子""有没有再生育意愿"等问题，完成筛选。

假设某种情景，拟定排除条款，企业可以规避安全事故责任吗？

对企业而言，员工在工作中可能出现的安全事故，是极大的用工风险——员工出了事故后，企业可能面临巨额经济赔偿。为了规避这种风险，有些企业在和员工签订劳动合同时，设定了某些排除条款，规定在某种条件或情况下员工出事，企业"概不负责"，这样的做法管用吗？

【案例】

2021年3月，B装饰公司招聘李某某为装饰工人。老板为了降低用工风险，在和李某某签订劳动合同时，设定了这样的条款：假如李某某因为操作不规范，发生事故，出现工伤，装饰公司概不负责。李某某虽然觉得该条款设置不合理，但一来迫于生计，二来抱有侥幸心理，最终还是在劳动合同上签了字。

2021年6月，李某某受公司指派，到某居民家中从事装修工作，在工作期间，李某某不慎从梯子上摔下受伤，入院治疗30天。出院后，李某某向当地人力资源和社会保障局提出认定申请，经当地人力资源和社会保障局认定，李某某所受伤害为工伤。

B装饰公司老板并不认同该工伤认定结论，遂向当地法院起诉，要求撤销人力资源和社会保障局对李某某的工伤认定。B装饰公司老板认为，其和李某某所签订的劳动合同中，有"假如李某某因为操作不规范，发生事故，出现工伤，装饰公司概不负责"的条款，双方均在劳动合同上签字认可，具有法律效力，公司和李某某约定该条款的目的是强化其工作中的注意义务，保障其人身安全。

法院经过审理认为，B装饰公司招聘李某某为装饰工人，双方存在合法的劳动关系。李某某在工作时间、工作地点、因工作原因发生事故伤害，应当认定为工伤。根据《劳动合同法》第二十六条规定，B装饰公司和李某某签订的劳动合同中"假如李某某因为操作不规范，发生事故，出现工伤，装饰公司概不负责"的条款无效，不具备法律效力。因此，法院判决维持人力资源和社会保障局的工伤认定结论。

【分析】

B装饰公司老板原本想通过劳动合同中的排除条款，规避员工安全责任，但最终却竹篮打水一场空，不仅没达到目的，还输了官司，向员工李某某支付了巨额赔偿。B装饰公司的老板，为什么会处于如此被动的地位呢？

第一，写进劳动合同中的条款并非全受《劳动合同法》保护。B装饰公司的老板想当然地认为，只要将排除性条款写进劳动合同中，员工签了字，自己的公司便不再为员工的安全事故承担任何责任了。但他却并没意识到，《劳动合同法》只保护企业和员工合理合法的诉求，非法条文则不受《劳动合同法》保护。

第二，没有及时安抚员工，给予"道义赔偿"。在李某某出现安全事故后，B装饰公司没有及时安抚李某某，稳定其情绪。另外，在李某某住院治疗期间，没有给予一定的"道义赔偿"，导致李某某申请工伤认定，扩大了劳动争议的规模。

【法律法规】

《劳动合同法》第二十六条：

下列劳动合同无效或者部分无效：

（一）以欺诈、胁迫的手段或者乘人之危，使对方在违背真实意思的情况下订立或者变更劳动合同的；

（二）用人单位免除自己的法定责任、排除劳动者权利的；

（三）违反法律、行政法规强制性规定的。

对劳动合同的无效或者部分无效有争议的，由劳动争议仲裁机构或者人民法院确认。

《劳动合同法》第三十八条：

用人单位有下列情形之一的，劳动者可以解除劳动合同：

（一）未按照劳动合同约定提供劳动保护或者劳动条件的；

（二）未及时足额支付劳动报酬的；

（三）未依法为劳动者缴纳社会保险费的；

（四）用人单位的规章制度违反法律、法规的规定，损害劳动者权益的；

（五）因本法第二十六条第一款规定的情形致使劳动合同无效的；

（六）法律、行政法规规定劳动者可以解除劳动合同的其他情形。

用人单位以暴力、威胁或者非法限制人身自由的手段强迫劳动者劳动的，或者用人单位违章指挥、强令冒险作业危及劳动者人身安全的，劳动者可以立即解除劳动合同，不需事先告知用人单位。

《劳动合同法》第八十六条：

劳动合同依照本法第二十六条规定被确认无效，给对方造成损害的，有过错的一方应当承担赔偿责任。

【法律建议】

企业对于员工的安全或者其他应当依法承担的责任，是不能免除的。因此，企业在和员工签订劳动合同时，为了避免以后出现劳动争议或在员工出现安全事故后承担巨额经济赔偿，需要做好两点：

1. 劳动合同中杜绝出现排除劳动者合法权利的条款。拟定劳动合同时，企业可安排专人或邀请律师，对合同条文进行审议，避免出现排除劳动者合法权益的条款。

2. 为员工缴纳工伤保险。避免或减轻自身在员工安全事故中需要承担的经济责任，正确的方法是签订劳动合同后，立即为其缴纳工伤保险。有了工伤保险，企业就等于为自己戴上了"护身符"和"安全帽"，能够大大降低潜在用工风险。

只有人力资源部签字，未加盖单位公章，劳动合同的效力会降低吗？

在签订劳动合同时，有些用人单位会耍个小心眼，让人力资源部签字，但不加盖代表单位的公章，想当然地认为，这样做，劳动合同的效力便会大大降低，自身用工灵活性便会大大增加。只有人力资源部签字，但不在劳动合同上加盖单位公章，劳动合同的效力会降低吗？

【案例】

2021 年 6 月，丁某某通过面试，入职一家医药公司。签订劳动合同时，丁某某对工作地点、薪酬等都没有异议，却对劳动合同书上只有人力资源部经理签名而无单位公章不解，人力资源部表示人力资源部经理是公司代表，其在劳动合同上签字，劳动合同是具有法律效力的。

2021 年 12 月，该医药公司人力资源部突然通知丁某某，称出于提高运营效率的目的，公司开始进行人员精减，丁某某在精减名单中，下个月便不用来上班了。丁某某不服，认为自己和医药公司签订的劳动合同期限为两年，且工作期间兢兢业业，并没有任何违章行为，公司突然解雇自己涉嫌违反劳动相关法律法规。但是公司人力资源部却告诉丁某某，公司与其签订的劳动合同上，并未加盖公章，表明该合同还未生效，因此公司可以随时将其辞退。

丁某某不服，遂向法院提起诉讼，要求判决某医药公司解除其劳动合同违法。法院经过审理认为,《劳动合同法》明确规定,劳动合同经用人单位和劳动者签字或盖章生效,因此,用人单位盖章并不是劳动合同生效的必要条件。在某医药公司和丁某某没有特别约定的前提下,在平等协商的基础上,双方在劳动合同上签字即代表劳动合同生效。因此,法院判决某医药公司解除丁某某劳动合同违法。

【分析】

这家医药公司认为,没有在劳动合同上加盖单位公章,劳动合同便不会生效,便可随意解雇员工,这种想法是错误的,也是非常危险的——轻者产生劳动纠纷,重者陷入劳动诉讼,面临巨额赔偿。

通常而言,用人单位在和劳动者签订劳动合同时,有三种签字形式比较常见:

第一,用人单位法定代表人在劳动合同上签字。用人单位的法定代表人可以直接代表用人单位,因此,他在劳动合同上签字后,用人单位和劳动者之间的劳动关系会立即建立。

第二,用人单位的行政或人力资源部门负责人在劳动合同上签字。有时候,用人单位在劳动合同上签字的是行政或者人力资源部门的负责人,这时,对劳动者而言,他们完全有理由相信,行政或者人力资源部门负责人在签字前,得到了用人单位的授权。因此,在劳动者眼中,行政或人力资源部门负责人的言行是可以代表用人单位真实意图的。因此,通常情况下,由用人单位行政或人力资源部门负责人签字的劳动合同,同样具有法律效力。

第三,劳动合同上只有用人单位公章。用人单位在劳动合同上仅仅加盖了公章,没有人签字,劳动合同同样成立。公章在所有印章中具有最高效力,可以代表单位法人的意志,因此,盖了公章的劳动合同,意味着得到了用人单位的承认。

【法律法规】

《民法典》第一百六十二条：

代理人在代理权限内，以被代理人名义实施的民事法律行为，对被代理人发生效力。

《民法典》第一百七十二条：

行为人没有代理权、超越代理权或者代理权终止后，仍然实施代理行为，相对人有理由相信行为人有代理权的，代理行为有效。

《劳动合同法》第十六条：

劳动合同由用人单位与劳动者协商一致，并经用人单位与劳动者在劳动合同文本上签字或者盖章生效。

劳动合同文本由用人单位和劳动者各执一份。

【法律建议】

为了避免因为劳动合同签字引发不必要的劳动争议，招来不必要的劳动诉讼，甚至面临巨额经济损失，用人单位在和劳动者签订劳动合同时，需做好三方面：

1.由企业法人在劳动合同上签字。企业法人是用人单位的绝对代表，其在劳动合同上的签名，代表着用人单位的意志，表意最明确，可有效避免今后出现劳动争议。

2.单位其他负责人在劳动合同上签字时，向劳动者出具单位授权书。有了单位授权书，用人单位其他部门负责人也可作为法定代表人，和劳动者签订劳动合同。

3.当面签字或盖章。用人单位和劳动者签订劳动合同时，应当面与其一起签字或盖章，这样可有效防止某些人利用先后签字的时间差在合同上做手脚，比如更改数字、时间等，避免之后出现劳动争议，甚至被恶意诉讼、索赔。

倒签劳动合同，员工要求支付二倍工资差额，必须给吗？

员工入职后，企业出于灵活管理的考虑，倾向不立即与其签订合同，这样做，存在用工风险吗？一旦出现劳动争议，员工要求支付二倍工资差额，企业必须要给吗？

【案例】

2020 年 4 月 17 日，李某某应聘进入青岛某外贸公司，从事财务经理工作。2020 年 9 月 17 日，该外贸公司向李某某提供了一份劳动合同，约定劳动合同期限自 2020 年 4 月 17 日起，至 2021 年 4 月 16 日止，每月工资为 1 万元。

李某某仔细阅读，发现该合同签署时间落款为 2020 年 5 月 17 日，且该日期中的"5"有明显的涂改痕迹。李某某对落款时间提出怀疑，要求公司将其改为实际签署时间，但被拒绝，公司人力资源部解释说，劳动合同上的签署时间仅仅是"做个样子，并不影响其实际工作和薪酬"。李某某听后，并没有深思，遂在该劳动合同上签字。

2020 年 11 月 17 日上午，李某某在工作中和公司管理人员产生了矛盾，发生了争吵。当天下午，公司人力资源部电话通知李某某，公司决定与其解除劳动合同。李某某不服，向法院提起诉讼，请求裁定某外贸公司支付未及时签订劳动合同的双倍工资差额 6 万元。

法院经过审理，原告李某某于 2020 年 4 月 17 日入职某外贸公司，根据《劳动合同法》相关条文规定，某外贸公司应当在李某某入职一个月内与其签订劳动合同。但实际上，某外贸公司和李某某签订劳动合同的时间为 2020 年 9 月 17 日，并非 5 月 17 日，劳动合同落款时间确有明显涂改痕迹。

据此，法院认为某外贸公司未能在李某某入职一个月内与其签订劳动合同，判决某外贸公司向李某某支付二倍工资差额 6 万元。

【分析】

青岛的这家外贸公司，在和李某某签订劳动合同的过程中，犯了两个明显的错误：

第一，倒签劳动合同。某外贸公司在李某某入职后，出于节省用工成本和用工灵活性的目的，并未立即与其签订劳动合同，而是等到李某某入职 5 个月后，才与其签订。但在签订劳动合同时，却故意将签订合同日期写为"2020 年 5 月 17 日"，属于明显的倒签劳动合同行为，是违法的。一旦劳动者提出异议，申请仲裁或诉讼至法院，用人单位便需要支付二倍工资差额。

第二，未能和李某某协商一致，达成共识。某外贸公司在签订劳动合同时，未能遵循"协商一致"的原则，和李某某在平等的基础上落实签订合同的日期，主动给予相关工资补偿，以至于在劳动争议出现后，自身陷入被动地步。

【法律法规】

《劳动合同法》第十条：

建立劳动关系，应当订立书面劳动合同。

已建立劳动关系，未同时订立书面劳动合同的，应当自用工之日起一个月内订立书面劳动合同。

用人单位与劳动者在用工前订立劳动合同的，劳动关系自用工之日起建立。

《劳动合同法》第八十二条：

用人单位自用工之日起超过一个月不满一年未与劳动者订立书面劳动合同的，应当向劳动者每月支付二倍的工资。

用人单位违反本法规定不与劳动者订立无固定期限劳动合同的，自应当订立无固定期限劳动合同之日起向劳动者每月支付二倍的工资。

【法律建议】

倒签劳动合同是指已经超过法律规定的应当签订劳动合同的日期，为了规避支付二倍工资或者签订无固定期限劳动合同的责任，用人单位故意要求劳动者将劳动合同的签订日期提前到不需要承担相应法律责任的日期。这种行为其实并不保险，因为劳动者还可以通过工资发放、社会保险费缴纳等证据，证明自身和用人单位之间的劳动关系早就存在。

因此，用人单位要避免倒签劳动合同，否则将会面临赔付二倍工资的经济风险。

1.统一建立职工名册或台账。用人单位建立职工名册或台账后，便可对职工的基本情况、工作年限、劳动合同期限以及劳动合同中的约定条款等进行精确的动态管理，继而有效防止出现不及时签订劳动合同的状态。

2.在协商基础上对劳动者给予一定经济补偿。假如出现劳动者入职超过一个月未满一年未签订劳动合同的情况，用人单位需要及时和劳动者进行沟通，在平等协商的基础上，达成共识。比如，劳动者放弃要求支付二倍工资的主张，用人单位对其进行一定的经济补偿或其他补贴。

员工差几天就能签无固定期限劳动合同，为降低用工风险，企业能将其解雇吗？

按照劳动法相关规定，劳动者在用人单位工作满十年，再次签订合同时，劳动者可以要求签订无固定劳动合同。很多企业老板认为所谓的"无固定劳动合同"等于"铁饭碗"，会大大降低企业今后用人的灵活性。因此，这些老板倾向于在员工干满十年前解雇他们，这样做可以吗？

【案例】

2010 年，陈先生通过某服装公司面试，于当年 6 月 4 日与某服装公司签订了第一次劳动合同，终止日期为 2015 年 6 月 3 日。合同履行完毕后，张先生又和某服装公司于 2015 年 6 月 3 日签订了第二份劳动合同，双方约定终止日期为 2020 年 6 月 3 日。

2020 年 6 月 2 日，陈先生要求某服装公司和自己续签无固定期限劳动合同，但某服装公司老板认为无固定期限劳动合同"用工风险太大"，表示只愿意与其签订固定期限劳动合同。此后一个多月，陈先生和某服装公司多次协商，其间矛盾激化，2020 年 7 月 20 日，某服装公司以书面形式向陈先生下达了《解除劳动关系通知书》。

陈先生不服，遂向劳动仲裁委员会申请仲裁。劳动仲裁委员会经过调查后，裁决某服装公司应向陈先生支付违法解除劳动关系赔偿金。某服装公司不服，诉至法院，表示其与陈先生因是否签订无固定期限劳动合同协商不成，公司有权解除劳动关系，且不需要支付赔偿金。陈先生则表示，他与某服装公司协商期间，一直在工作，之后某服装公司单方面解除劳动关系对自己的身体和精神都造成了极大伤害。

法院审理认为，根据劳动合同法相关规定，陈先生的情况符合与某服装公司续签无固定期限劳动合同的条件，因此，某服装公司理应依法与其签订无固定期限劳动合同。另外，陈先生一直在某服装公司工作至劳动合同到期后一个多月，双方已经形成实际劳动用工关系。因此，某服装公司以合同到期不续订为理由终止劳动关系违法，需向陈先生支付相应赔偿金。

【分析】

某服装公司在处理陈先生劳动合同时，犯了两个比较明显的错误：

第一，连续和陈先生订立两次固定期限劳动合同。某服装公司在陈先生第一份劳动合同到期后，随即与其签订了第二份劳动合同。《劳动合同法》相关条文规定，连续和劳动者签订两次固定期限劳动合同，劳动者有权要求和用人单位签订无固定期限劳动合同。因此，某服装公司才在同陈先生的劳动诉讼中，处于不利地位。

第二，未在合同到期后立即解除和陈先生的劳动关系。在陈先生第二份劳动合同到期但协商无果时，某服装公司没有立即与其解除劳动关系，而是让其继续在公司工作了一个多月的时间，才将其解雇，这便形成了实质性用工关系。

【法律法规】

《劳动合同法》第十四条：

无固定期限劳动合同，是指用人单位与劳动者约定无确定终止时间的劳动合同。

用人单位与劳动者协商一致，可以订立无固定期限劳动合同。有下列情形之一，劳动者提出或者同意续订、订立劳动合同的，除劳动者提出订立固定期限劳动合同外，应当订立无固定期限劳动合同：

（一）劳动者在该用人单位连续工作满十年的；

（二）用人单位初次实行劳动合同制度或者国有企业改制重新订立劳动合同时，劳动者在该用人单位连续工作满十年且距法定退休年龄不足十年的；

（三）连续订立二次固定期限劳动合同，且劳动者没有本法第三十九条和第四十条第一项、第二项规定的情形，续订劳动合同的。

用人单位自用工之日起满一年不与劳动者订立书面劳动合同的，视为用人单位与劳动者已订立无固定期限劳动合同。

《劳动合同法》第四十四条：

有下列情形之一的，劳动合同终止：

（一）劳动合同期满的；

（二）劳动者开始依法享受基本养老保险待遇的；

（三）劳动者死亡，或者被人民法院宣告死亡或者宣告失踪的；

（四）用人单位被依法宣告破产的；

（五）用人单位被吊销营业执照、责令关闭、撤销或者用人单位决定提前解散的；

（六）法律、行政法规规定的其他情形。

【法律建议】

无固定期限劳动合同，对劳动者而言并非等于有了"铁饭碗"，仅仅意味着工作有了长期性和稳定性。签订了无固定期限的劳动者，严重违反用人单位规章制度的话，依旧可以依法被解雇。因此，用人单位不必将无固定期限合同视为洪水猛兽，反而可以善加利用。

第一，与公司高管和技术骨干签订无固定期限合同。无固定期限劳动合同，具有稳定性和长期性的特点，公司可借助其优势，稳定高管和技术骨干队伍，将他们和公司进行深度绑定，这样一来，高管和技术骨干对公司的认同度必然会大大提升。

第二，延长合同避免二次签约。在与基层劳动者签订固定期限合同时，为了避免因为连续两次签订固定劳动合同而不得不与其签订无固定期限劳动合同，用人单位可以采用"延长劳动合同"的方式，即在固定期限劳动合同到期后，只延长，不重签。

第四章

试用期避雷法则

很多老板认为，相对于正式员工，试用期员工用工成本更低，解除劳动合同更容易，因此在设置试用期和对待试用期员工时，非常"随意"。这种想法其实是非常危险的，稍不注意，便可能让企业陷入劳动纠纷中。

非全日制用工，却设立试用期，可行吗？

非全日制用工，因为用工灵活性高，成本低廉，越来越受用人单位的青睐。但是一些用人单位根据全日制用工经验，为非全日制用工设置试用期，这种做法可行吗？

【案例】

孙先生在一家大型商超公司做小时工，双方签订了非全日制劳动合同。合同规定：孙先生每天上午工作 3 个小时，负责打扫超市内地面和货架卫生，每小时工资为 25 元；试用期为 1 个月，试用期内，每小时工资为 20 元。劳动合同期限为一年，工资每月结算一次。

孙先生在该大型商超公司工作了 4 个月后，因为家中遇到变故，急需用钱，遂向公司请求，提前支付其当月前两周的工资。但是商超公司以"合同约定工资每月结算一次"为由，拒绝提前支付。于是，孙先生想提前解除劳动合同，但该商超公司又以劳动合同未到期为由，拒绝了其要求。

孙先生不服，向当地劳动仲裁委员会申请仲裁。当地劳动仲裁委员会在调查后认为，小时工，即非全日制用工，是指以小时计酬为主，劳动者在同一用人单位一般每日工作时间不超过四小时，每周工作时间累计不超过二十四小时的用工形式。另外，根据《劳动合同法》相关条文，非全日制用工的报酬结算支付周期不能超过十五天，且不能设置试用期。因此，劳动仲裁委员会裁定该大型商超为孙先生设置试用期违法，应向孙先生补发试用期内的工资差额，立即支付其当月前两周的工资，并支持孙先生解除劳动合同的请求。

【分析】

在聘请孙先生做小时工时，该大型商超公司犯了两个明显的错误：

第一，为了降低用工成本，设置了试用期。相对于转正后的工资，试用期内劳动者的工资往往较低，因此，很多企业在员工入职后，会设置试用期，一方面为了全面考察员工能否胜任岗位，另一方面，也有降低运营成本的考虑。但是对于非全日制用工劳动者，也就是小时工来说，是不允许设立试用期的，该大型商超公司为孙先生设立一个月的试用期，显然是不合适的。

第二，报酬结算周期设置太长。劳动法规定，非全日制用工报酬结算支付周期不得超过十五日。该大型商超公司在和孙先生签订的劳动合同中，却规定按月结算，已经超出了非全日制用工的范畴，使得自己在之后的劳动仲裁中，处于不利地位。

【法律法规】

《劳动合同法》第六十八条：

非全日制用工，是指以小时计酬为主，劳动者在同一用人单位一般平均每日工作时间不超过四小时，每周工作时间累计不超过二十四小时的用工形式。

《劳动合同法》第六十九条：

非全日制用工双方当事人可以订立口头协议。

从事非全日制用工的劳动者可以与一个或者一个以上用人单位订立劳动合

同；但是，后订立的劳动合同不得影响先订立的劳动合同的履行。

《劳动合同法》第七十条：

非全日制用工双方当事人不得约定试用期。

《劳动合同法》第七十一条：

非全日制用工双方当事人任何一方都可以随时通知对方终止用工。终止用工，用人单位不向劳动者支付经济补偿。

《劳动合同法》第七十二条：

非全日制用工小时计酬标准不得低于用人单位所在地人民政府规定的最低小时工资标准。

非全日制用工劳动报酬结算支付周期最长不得超过十五日。

【法律建议】

在聘用非全日制用工劳动者时，为了避免出现劳动争议，用人单位要做好两点：

1. 不设立试用期。用人单位在聘用非全日制用工劳动者时，不管想要聘用多长时间，都不要设立试用期。如需考察劳动者是否符合岗位要求，可在面试环节进行测试。

2. 报酬日结。非全日用工劳动者的报酬，最好能够每日结算，这样能够大大提升劳动者的工作热情。假如觉得每日结算比较麻烦，用人单位也可和劳动者约定一个相对较长的周期，但最长不能超过十五日。

3. 缴纳工伤保险。为了预防突发安全事故时承担较大的经济赔偿责任，用人单位可为非全日制用工劳动者缴纳工伤保险。特别是工作内容具有一定安全隐患时，用人单位绝对不能抱有任何侥幸心理，在做好安全防范措施的同时，为劳动者缴纳工伤保险，是最明智的选择。

想要掌握主动，企业与新员工单独签订试用期合同，精明还是昏头？

有些企业为了提升试用期用工灵活性，倾向和新员工单独签订试用期合同，这种行为是精明还是昏头了？

【案例】

2021 年 3 月 16 日，杨女士通过面试，入职某太阳能设备制造企业。当天，某太阳能设备制造企业和杨女士签订了《试用期协议》，双方约定：某太阳能设备制造企业聘用杨女士为试用期员工，试用期三个月，自 2021 年 3 月 16 日起，到 2021 年 6 月 15 日止。试用期内，杨女士每月工资为 3000 元，试用期通过考核转正后，每月工资为 4000 元。

2021 年 6 月 14 日，某太阳能设备制造企业通过书面形式，向杨女士下达了《解除劳动关系通知书》，告知其在试用期内，未能达到企业设定的试用期员工转正考核标准。杨女士不服，认为某太阳能设备制造企业和自己单独签订《试用期协议》而非劳动合同，涉嫌违法，要求其按照正常员工工资标准，补发自己三个月试用期的工资差额。某太阳能设备制造企业并不认同杨女士的观点，双方僵持不下，杨女士遂将某太阳能设备制造企业诉至法院，请求法院判定某太阳能设备制造企业支付未签订劳动合同的二倍工资差额和违法解除劳动合同赔偿金。

法院审理认为，根据《劳动合同法》规定，如果劳动合同中只约定了试用期时间，那么试用期时间是无效的，合同中时间视为劳动合同时间。某太阳能设备制造企业和杨女士约定的试用期（自 2021 年 3 月 16 日起，到 2021 年 6 月 15 日止），应视为签订劳动合同后的工作时间。

最终，法院判决某太阳能设备制造企业向杨女士支付未签订劳动合同的二倍工资差额 11000 元，违法解除劳动合同赔偿金 1400 元，共计 12400 元。

【分析】

很多企业负责人之所以对试用期单独签订合同有着浓厚的兴趣，主要是为了掌握用工灵活性，毕竟，相对于正式员工，试用期员工更容易解雇，且不需要支付任何经济赔偿。但需要注意的是，试用期并非企业用人的"安全期"，操作不当，同样会让企业在劳动关系中处于不利地位。

某太阳能设备制造企业在和杨女士劳动关系存续期间，便犯了两个明显的错误：

第一，和杨女士单独签订试用期合同。和劳动者单独签订试用期合同，是《劳动合同法》明令禁止的，企业如果这样做，便会被贴上"违法"标签，面临较大数额经济赔偿的风险。某太阳能设备制造企业和杨女士签署《试用期协议》，本意是提升用工灵活性，降低用工成本，却让自己在之后的劳动争议中处于不利地位。

第二，未能举证杨女士"不符合录用条件"。试用期员工也不能随意解雇，企业需要证明其"不符合录用条件"，才能解除劳动合同。某太阳能设备制造公司解雇杨女士非常随意，之前未能对其进行考核，未能有效举证，涉嫌非法解除劳动合同。

【法律法规】

《关于贯彻执行〈中华人民共和国劳动法〉若干问题的意见》第 18 条：

劳动者被用人单位录用后，双方可以在劳动合同中约定试用期，试用期应包括在劳动合同期限内。

《劳动合同法》第十九条：

劳动合同期限三个月以上不满一年的，试用期不得超过一个月；劳动合同期限一年以上不满三年的，试用期不得超过二个月；三年以上固定期限和无固定期限的劳动合同，试用期不得超过六个月。

同一用人单位与同一劳动者只能约定一次试用期。

以完成一定工作任务为期限的劳动合同或者劳动合同期限不满三个月的，不得约定试用期。

试用期包含在劳动合同期限内。劳动合同仅约定试用期的，试用期不成立，该期限为劳动合同期限。

《劳动合同法》第八十二条：

用人单位自用工之日起超过一个月不满一年未与劳动者订立书面劳动合同的，应当向劳动者每月支付二倍的工资。

用人单位违反本法规定不与劳动者订立无固定期限劳动合同的，自应当订立无固定期限劳动合同之日起向劳动者每月支付二倍的工资。

【法律建议】

单独约定试用期合同是无效的，会被视为正式的劳动合同，假如劳动者申请仲裁或者提起诉讼，用人单位需要赔偿二倍工资。因此，用人单位要避免和劳动者单独签订试用期合同。

1.避免和劳动者单独签订试用期合同。一些用人单位为了避免和劳动者签订劳动合同，提升用工灵活性，倾向于和其签订单独的试用期合同，期限一般为三个月到六个月不等。这种行为，会让企业面临巨大的法律风险。《劳动合同法》规定，劳动合同仅约定试用期的，试用期不成立，该合同属于劳动合同。另外，和劳动者单独签订一份试用期合同，等同于"浪费"了一次固定期限劳动合同，假如之后再和劳动者签订正式合同的话，便等于和其连续签订了两次固定期限劳动合同，企业之后将面临无固定期限劳动合同问题。

2. 签订正式劳动合同，在其中约定试用期。用人单位应当和劳动者签订正式劳动合同，在其中约定试用期，明确试用期工资、考核标准、请假条件等一系列条款，做到合法合规、有据可依。这样一来，便可最大限度避免试用期出现劳动争议。

企业故意设置较长试用期，出现争议后，要支付赔偿金吗？

很多企业在设定员工试用期时，想当然地认为自己拥有"主场"优势，再加上降低用工成本、掌握用工灵活性的考虑，故意将试用期"拉长"。这种做法精明吗？出现劳动争议后，需要向员工支付赔偿金吗？

【案例】

2020 年 5 月 27 日，杨某某应聘进入某电子商务公司，担任高级软件工程师。杨某某和某电子商务公司于 2020 年 6 月 1 日签订了劳动合同，约定合同于 2020 年 6 月 1 日生效，于 2021 年 12 月 31 日终止，其中试用期至 2020 年 8 月 31 日止，每月基本工资为 6000 元。

试用期结束前一天，某电子商务公司书面通知杨某某"试用期未通过公司考核，不符合公司录用条件，依规解除劳动合同"。杨某某对公司决定不认同，以公司设定的试用期违反劳动法为由，向法院提起诉讼，要求某电子商务公司支付超过法定试用期 2020 年 7 月 27 日至 2020 年 8 月 31 日期间的赔偿金 23367.5 元。

法院审理期间，某电子商务公司认为杨某某每月基本工资 6000 元，津贴 4200 元，全勤奖 8800 元，共计 1.9 万元，每月另有餐费，按出勤天数计算，每天 25 元，并提交了"杨某某的工资发放情况（2020 年）统计表"为证。杨某某虽然对"杨某某的工资发放情况（2020 年）统计表"记载的工资结构不认可，但认可了其工资每月1.9万元，试用期期间工资和公司同岗位正式员工并无差别。

法院经审理认为，根据《劳动合同法》规定，劳动合同期限一年以上不满三年的，试用期不得超过二个月，超过部分应按照转正后的工资标准向劳动者支付该期间的工资。某电子商务公司和杨某某签订的劳动合同期限为一年六个月，但约定的试用期超过了二个月且已经履行，因此，尽管某电子商务公司在杨某某试用期期间向其发放了和正式员工相同的工资，仍然需向其就超过二个月部分的试用期支付赔偿金。

最终法院裁决某电子商务公司向杨某某支付23367.5元赔偿金。

【分析】

试用期的长短，并非由企业说了算，而是有法律依据的。某电子商务公司在和杨某某约定试用期时，显然没有意识到这一点，为今后在劳动争议中"吃亏"留下了祸根。

1. 随意设定试用期。试用期的长短，与用人单位与劳动者签订的劳动合同期限成正比例关系，劳动合同期限越短，试用期越短，劳动合同期限越长，试用期越长。不以劳动合同期限为依据，从降低用工成本和提升用工灵活性方面考虑，随意延长试用期，用人单位最终可能面临较大额度的经济赔偿。

2. 认为试用期和转正后工资标准一致，就可避免支付赔偿金。某电子商务公司认为在员工试用期期间，给予其和同岗位正式员工一样的工资，便能避免支付试用期过长而产生的赔偿金，这种想法是不会被劳动仲裁部门或法院认可的，违法设定试用期，和期间支付了多少工资，并没有直接关系。

【法律法规】

《劳动合同法》第十九条：

劳动合同期限三个月以上不满一年的，试用期不得超过一个月；劳动合同期限一年以上不满三年的，试用期不得超过二个月；三年以上固定期限和无固定期限的劳动合同，试用期不得超过六个月。

《劳动合同法》第八十三条：

违法约定的试用期已经履行的，由用人单位以劳动者试用期满月工资为标准，按已经履行的超过法定试用期的期间向劳动者支付赔偿金。

【法律建议】

设置较长试用期，表面上看似乎能够降低企业用工成本，提升用工灵活性，但在实践过程中，企业却可能因为劳动者申请仲裁或提起诉讼，面临较大数额的经济赔偿。因此，企业在设立或者延长试用期时，应做到两点：

1. 严格按照《劳动合同法》规定设立试用期。劳动者在试用期和转正后的权利义务，除了工资标准上可能存在差异，还存在其他区别。比如，在劳动合同解除方面，企业想要解雇试用期内的劳动者，只需要证明其"不符合录用条件"即可，而想要解雇转正后的劳动者，手续则更烦琐。因此，《劳动合同法》对试用期设立有明确限定，企业在设立时需严格遵守。

2. 延长试用期需要和劳动者协商一致，且延长后的试用期符合《劳动合同法》。用人单位确实有延长劳动者试用期需求的，绝对不能单方面决定，需要同劳动者进行协商，在对方同意后，再确定新试用期长度。需要注意的是，延长后的试用期长度，也应符合《劳动合同法》相关规定。

试用期给低工资，不缴纳社会保险费，可以吗？

企业要花费大量的时间对试用期员工进行培训，因此，有些老板认为给试用期员工低工资理所当然。另外，由于不确定试用期员工最终是否会被录用，假如在试用期为其缴纳社会保险费的话，很容易"赔了夫人又折兵"，因此，有些老板也不倾向为试用期员工缴纳社会保险费。试用期员工给低工资，不缴纳社会保险费，真的没有任何法律风险吗？

【案例】

某商贸公司老板认为新员工在试用期主要接受岗前培训和教育，本身并没有给公司创造任何劳动价值，为了控制用工成本，他便在公司规章制度中对试用期员工专门作了规定：公司每月支付试用期员工相当于同岗位正式职工工资百分之五十的薪酬；新员工在试用期内的社会保险费暂不缴纳，待通过试用期考核后，将补缴试用期间的社会保险费。

2018 年 2 月 1 日，刁鲁宁（化名）通过某商贸公司面试，进入制造部工作。三个月实习期后，因未能通过试用期考核，被某商贸公司解除劳动合同。2018 年 2 月 12 日，刁鲁宁向劳动仲裁委员会申请仲裁，请求裁决某商贸公司补齐其试用期至少相当于同岗位正式员工工资 80% 的薪酬，同时补缴三个月试用期的社会保险费。劳动仲裁委员会调查后，支持了刁鲁宁的请求。

某商贸公司不服裁决，遂向法院提起诉讼，请求法院撤销劳动仲裁委员会的裁决。法院经过审理认为，根据劳动合同法相关规定，试用期包含在劳动合同内，试用期员工工资不得低于用人单位正式员工工资的80%，用人单位需要为适应期员工缴纳社会保险费。某商贸公司根据单位规章制度，强行规定"公司每月支付试用期员工相当于同岗位正式职工工资50%的薪酬；新员工在试用期内的社会保险费暂不缴纳，待通过试用期考核后，将补缴试用期间的社会保险费"，违反《劳动合同法》。

最终，法院判决驳回某商贸公司所有诉讼请求。

【分析】

某商贸公司在和刁鲁宁的劳动争议和诉讼中，为什么一败再败呢？

第一，对试用期员工价值理解有误。某商贸公司老板认为试用期员工主要接受岗前培训和教育，未给公司创造任何劳动价值，这种想法在很大程度上激化了公司和试用期员工之间的矛盾。另外，某商贸公司对试用期员工的这种看法，不仅不会得到法院的认同，反而会让法官在情感上更加同情试用期员工。

第二，以公司规章制度代替法律法规。某商贸公司为了节约用工成本，在公司规章制度中规定试用期员工的工资按照同岗位正式员工的百分之五十发放，且不为试用期员工缴纳社会保险费，这一规定，明显和《劳动合同法》相关条文抵触，自然得不到法院支持。

【法律法规】

《劳动合同法》第二十条：

劳动者在试用期的工资不得低于本单位相同岗位最低档工资或者劳动合同约定工资的百分之八十，并不得低于用人单位所在地的最低工资标准。

《劳动法》第七十二条：

社会保险基金按照保险类型确定资金来源，逐步实行社会统筹。用人单位和劳动者必须依法参加社会保险，缴纳社会保险费。

《中华人民共和国社会保险法》（2018年修正，以下简称《社会保险法》）第五十八条：

用人单位应当自用工之日起三十日内为其职工向社会保险经办机构申请办理社会保险登记。未办理社会保险登记的，由社会保险经办机构核定其应当缴纳的社会保险费。

自愿参加社会保险的无雇工的个体工商户、未在用人单位参加社会保险的非全日制从业人员以及其他灵活就业人员，应当向社会保险经办机构申请办理社会保险登记。

国家建立全国统一的个人社会保障号码。个人社会保障号码为公民身份号码。

《社会保险法》第八十四条：

用人单位不办理社会保险登记的，由社会保险行政部门责令限期改正；逾期不改正的，对用人单位处应缴社会保险费数额一倍以上三倍以下的罚款，对其直接负责的主管人员和其他直接责任人员处五百元以上三千元以下的罚款。

【法律建议】

相对于正式员工，试用期员工创造的价值可能较低，但这并非用人单位给低工资和不为其办理社会保险登记的借口。

针对试用期员工的工资和社会保险，用人单位要做好两点：

1. 确保试用期员工工资不低于同岗位正式员工工资的百分之八十，且不低于当地劳动行政部门发布的最低工资标准。试用期员工的工资，并不是用人单位随便定一个数字即可，而应严格按照《劳动合同法》相关规定确定。

2. 签订劳动合同后，立即为员工办理社会保险登记。试用期包含在劳动合同内，因此，用人单位应在签订劳动合同后三十日内为员工办理社会保险登记。

试用期内未进行考核，试用期结束后，可以立即解雇员工吗？

很多公司老板认为，相对于正式员工，试用期员工因为头上悬着"试用"的达摩克利斯之剑，更容易解除劳动关系，只要考核不合格，绩效不达标，便可以让他们卷铺盖走人。实际操作起来，真的这么简单吗？

【案例】

2020年3月3日，赵某某入职C证券公司，双方签订了一年期劳动合同，规定试用期为2020年3月3日到9月2日，岗位为财富管理部营销管理业务协同岗，每月工资为20000元。赵某某在C证券公司工作至2020年9月2日，当天公司以其"试用期考核不合格，绩效不达标"为由，通过电子邮件方式，向赵某某发送了《解除劳动合同通知书》。

赵某某认为C证券公司在自己的试用期内，并没有可以量化的考核标准，所谓的"考核不合格，绩效不达标"，完全是主观判断，向其出示的考核表，是其入职当天签订的空表，上面的数据则是C证券公司之后填写的，因此赵某某认为其解除自己的劳动合同涉嫌违法。

赵某某向法院提起了诉讼，请求法院判定C证券公司支付违法解除劳动合同赔偿金40000元。法院经过审理认为，C证券公司现有证据不足以证明其所言称的被告"在试用期内考核不合格，绩效不达标"的主张，C

证券公司以此为理由解除同赵某某的劳动合同缺乏依据，构成违法解除劳动合同。因此，法院根据《劳动合同法》相关条文，判决C证券公司支付赵某某违法解除劳动合同赔偿金40000元。

【分析】

"试用"二字，并非意味着用人单位掌握了随意解雇试用期员工的尚方宝剑。相关劳动法律法规，对试用期员工同样适用，操作不当，用人单位便可能碰触违法解除劳动合同红线，向被解雇的试用期员工支付巨额赔偿金。

C证券公司在和赵某某的劳动争议中，犯了两个错误：

第一，未在劳动合同中约定明确的录用条件。在和赵某某签订劳动合同时，C证券公司未和赵某某约定"达不到什么标准"或"达不到何种目标"不予录用的条款，致使在之后解除赵某某劳动合同时，让自己陷于被动。

第二，未在试用期内对赵某某进行考核。在赵某某试用期内，C证券公司未能对赵某某进行量化考核，没有掌握其不能胜任岗位的令人信服的证据，导致试用期结束后不能以"不符合录用条件"为理由解除劳动合同。因此，在赵某某向法院提起诉讼后，C证券公司便毫无招架之力，最终败诉。

【法律法规】

《劳动合同法》第三十九条：

劳动者有下列情形之一的，用人单位可以解除劳动合同：

（一）在试用期间被证明不符合录用条件的；

（二）严重违反用人单位的规章制度的；

（三）严重失职，营私舞弊，给用人单位造成重大损害的；

（四）劳动者同时与其他用人单位建立劳动关系，对完成本单位的工作任务造成严重影响，或者经用人单位提出，拒不改正的；

（五）因本法第二十六条第一款第一项规定的情形致使劳动合同无效的；

（六）被依法追究刑事责任的。

【法律建议】

用人单位如何避免解雇不合格试用期员工时，碰触"非法解除劳动合同"的红线呢？其实很简单，用人单位只要做好三点即可。

1.签订劳动合同时，约定明确的录用条件。用人单位能不能解雇试用期员工，最主要的一个依据是证明其"不符合录用条件"，这是《劳动合同法》赋予用人单位的权利。因此，在和劳动者签订劳动合同时，用人单位要明确录用条件。明确的录用条件，可以是达到某些考核标准，也可以是胜任某一工作，客户好评率达到某个比例。

2.对劳动者试用期到期日进行统一管理。企业应设立专职人员管理试用期员工，试用期到期前一周，要及时通知其写出述职报告，并在试用期届满前通知其是否通过考核。用人单位也可以放弃剩余试用期，提前通知劳动者合格，转正。

3.保留考核相关的依据。考核相关的依据，主要包括能够证明试用期员工工作情况的文件、材料，用人单位规章制度中明确试用期内不符合录用条件的详细规定，业务部门和人力资源部门、总经理等高级管理人员对试用期员工在试用期内表现的意见、评价和认为其是否符合录用条件的结论。需要注意的是，被证实不符合录用条件的内容，可以由用人单位人力资源部或者律师起草，但必须要有"试用期内表现经用人单位考核结果为不合格"这一关键内容，且上述考评意见和结论都不需要经过试用期员工本人同意，也不需要其签字确认。

4.以书面形式送达解除劳动合同通知。试用期内考评不合格的员工，用人单位要以书面通知的形式送达解除劳动合同通知，且必须在试用期到期之前完成。

试用期签有竞业限制协议，期满辞退后员工要求经济补偿，合理吗？

公司为了保守自身商业秘密，和员工在劳动合同、知识产权权利归属协议或者保密协议中，约定了竞业限制条款。员工试用期结束后，要求公司给予竞业限制经济补偿，公司给还是不给呢？

【案例】

2020 年 10 月，钱某入职 D 科技公司，担任商务经理一职。钱某和 D 科技公司签订了三年劳动合同，双方约定试用期为六个月，且应 D 科技公司要求，钱某签署了《保密、知识产权与不竞争协议》。该协议规定，不管因为何种原因终止或者解除劳动合同，之后二十四个月内，钱某都不能直接或者间接地设立、经营、参与任何与 D 科技公司形成竞争关系或者有相似业务的活动，且竞业限制期内，钱某每月将获得 D 科技公司发放的竞业限制经济补偿。

进入公司 20 天后，D 科技公司通过电子邮件，向钱某发送了解除劳动关系通知。钱某对此没有异议，离职后，一直在家待业，履行竞业限制义务。2021 年 3 月，钱某电话联系 D 科技公司，要求其按月支付自己离职以来的竞业限制经济补偿。D 科技公司告知钱某，其无须遵守竞业限制协议，可以自由就业。

钱某认为自身权益被 D 科技公司侵犯，遂向劳动仲裁委员会申请仲裁，要求 D 科技公司支付 2020 年 11 月至 2021 年 3 月的竞业限制经济补偿以及额外支付解除竞业限制协议的三个月经济补偿。劳动仲裁委员会经过调查后，支持钱某的诉求。

D科技公司对该仲裁不服，认为钱某在公司仅仅工作了二十天，并未接触到核心商业秘密，因此，要求公司支付竞业限制经济补偿是不合理的，遂向法院提出诉讼。法院审理认为，是否履行竞业限制协议，和钱某工作时间长短没任何关系，关键在于协议对双方是否产生法律效力。D科技公司和钱某签订的《保密、知识产权和不竞争协议》，是双方本着平等协商原则签订的，具有法律效力。D科技公司在钱某离职后并未及时行使豁免或缩短钱某的竞业限制，未能有效通知钱某。最终，法院判决D科技公司支付钱某2020年11至2021年3月期间竞业限制经济补偿16795.16元，解除竞业限制协议三个月经济补偿13500元。

【分析】

D科技公司和钱某签署竞业限制协议，原本的目的在于保守公司商业秘密，为什么最后却引发诉讼，遭受较大经济损失呢？具体来看，D科技公司犯了两个错误：

第一，未在竞业限制协议中添加豁免条款。D科技公司在和钱某签订《保密、知识产权与不竞争协议》时，未添加豁免条款，未列出在什么条件下，公司可以要求钱某不用遵守该协议。比如，D科技公司可以在该协议中加入"公司可视具体情况，在钱某离职后，终止该协议"。

第二，未及时行使豁免或缩短竞业限制权利。在钱某离职后，D科技公司未能及时行使劳动法赋予自身的豁免或缩短竞业限制的权利，没有以可见的形式通知钱某不用再遵守《保密、知识产权与不竞争协议》，告知其可以自谋其他职业。

【法律法规】

《劳动合同法》第二十三条:

用人单位与劳动者可以在劳动合同中约定保守用人单位的商业秘密和与知识产权相关的保密事项。

对负有保密义务的劳动者,用人单位可以在劳动合同或者保密协议中与劳动者约定竞业限制条款,并约定在解除或者终止劳动合同后,在竞业限制期限内按月给予劳动者经济补偿。劳动者违反竞业限制约定的,应当按照约定向用人单位支付违约金。

《最高人民法院关于审理劳动争议案件适用法律的解释(一)》第三十九条:

在竞业限制期限内,用人单位请求解除竞业限制协议的,人民法院应予支持。

在解除竞业限制协议时,劳动者请求用人单位额外支付劳动者三个月的竞业限制经济补偿的,人民法院应予支持。

【法律建议】

由于竞业协议涉及用人单位和劳动者的一系列权利和义务,是否签署,如何签署,用人单位需要慎重对待。

1.审慎签订竞业限制协议。竞业限制协议仅限于知晓用人单位商业秘密的人员,假如将竞业限制协议签署人员的范围扩大至试用期员工,不仅会扩大经营成本,而且在出现劳动争议时,用人单位还可能陷入不利处境,支付较高的经济赔偿。

2.在竞业限制中明确具体违约金额。假如用人单位在协议中只是笼统地约定"对企业造成的损失进行赔偿",一旦发生纠纷,最终赔偿金额变动会比较大。

3.及时书面通知并保留回执。假如在员工离职后,用人单位想要解除竞业限制,则需书面通知员工并保留回执。假如进入竞业期后,用人单位才想起解除,则需要支付员工竞业限制经济补偿和额外三个月的补偿金(员工主张的情形下)。

试用期员工经常迟到，企业可以以此为由将其开除吗？

员工试用期间经常迟到或者早退，企业觉得这类员工不好管理，为了避免对方升级为"刺头型员工"，企业便以"迟到早退"为理由，将其开除。这种做法存在法律风险吗？

【案例】

2016 年 7 月 11 日，钱亮（化名）入职某咨询公司，担任信息分析主管一职。双方随后签订了书面劳动合同以及《试用期录用条件说明书》，劳动合同自 2016 年 7 月 11 日起至 2019 年 7 月 11 日止，其中2016 年 7 月 11 日至 2017 年 1 月 10 日为试用期。

在《试用期录用条件说明书》中，钱亮和某咨询公司明确约定：在试用期内如果存在如下情景之一的，视为不符合公司的录用条件，公司有权解除与钱亮的劳动合同，且不支付任何赔偿。在之后约定的条款中，第 10 条为：试用期内非法定事由累计请事假超过 2 天或者迟到超过3 次，或者有旷工现象的。

2016 年 12 月 6 日，某咨询公司向钱亮发出了终止试用期通知，告知其因多次迟到，考勤不合格，不符合转正条件，公司将于 2016 年 12 月 6日正式终止试用。钱亮不服，向劳动仲裁委员会申请仲裁，请求裁决某咨询公司继续履行劳动合同关系，恢复其工作职务、工作内容和工资待遇。

劳动仲裁委员会作出裁决，驳回了钱亮的请求。

钱亮不服，向法院提起诉讼。钱亮认为，自己几次迟到都在几分钟内，某咨询公司也对其迟到行为做了相应处罚，以此为理由解除劳动合同，涉嫌违法。

法院经过审理认为，钱亮和某咨询公司签订的《试用期录用条件说明书》中对不符合岗位录用条件的事项做了明确的约定，其中第10条为：试用期内非法定事由累计请事假超过2天或者迟到超过3次，或者有旷工现象的。根据某咨询公司提供的考勤记录，钱亮累计迟到超过3次，因此某咨询公司以此为由解除双方劳动合同合法。

最终，法院判决驳回钱亮所有诉讼请求。

【分析】

某咨询公司为什么能够在钱亮的劳动诉讼中胜出呢？

第一，自身不存在过错。一方面，某咨询公司在钱亮入职后，便立即和其签订了劳动合同，明确了钱亮的工作岗位、工作内容、薪酬等；另一方面，在钱亮入职同时，便向其明确了不符合录用条件的标准，尽到了告知义务。

第二，以《试用期录用条件说明书》的形式证明钱亮对不符合录用条件的标准"应知尽知"。某咨询公司在《试用期录用条件说明书》中载明了不符合录用条件的标准，钱亮在其上签字，证明其对不符合录用条件的标准很清楚。

【法律法规】

《劳动合同法》第三十九条：

劳动者有下列情形之一的，用人单位可以解除劳动合同：

（一）在试用期间被证明不符合录用条件的；

（二）严重违反用人单位的规章制度的；

（三）严重失职，营私舞弊，给用人单位造成重大损害的；

（四）劳动者同时与其他用人单位建立劳动关系，对完成本单位的工作任务造成严重影响，或者经用人单位提出，拒不改正的；

（五）因本法第二十六条第一款第一项规定的情形致使劳动合同无效的；

（六）被依法追究刑事责任的。

【法律建议】

对很多用人单位而言，试用期是观察员工能力和工作态度的窗口，经常迟到，看似事小，却能从中体现出其对待工作的散漫态度。员工对工作散漫，缺乏上进心和进取意志，对用人单位而言，并非什么好事情。那么，如何将经常迟到、早退的试用期员工顺利"请出去"呢？

1. 和员工约定试用期时要同时约定试用期的录用条件。用人单位在和员工约定试用期时，要单独约定试用期的录用条件，明确不符合录用条件的标准，诸如"累计迟到或早退4次及以上"，并要求其在阅读后签字。

2. 保存试用期员工不符合录用条件的证据。试用期间，假如员工违反了公司的规章制度，达到了不符合录用条件的标准，公司要注意收集和保存相关证据，诸如员工签字后的考勤表等。

以见习期替代试用期，降低用工成本，可行吗？

见习期的期限为一年，相对于最长期限不超过六个月的试用期，企业对见习期员工的考察期限更长，用工成本更低，因此，有些企业在和员工签订劳动合同时，用见习期代替试用期。这种做法可行吗？

【案例】

曹芳（化名）于 2018 年 6 月 11 日入职某能源公司，双方在劳动合同中约定：曹芳的见习期为十二个月，其间经考核不符合录用条件，某能源公司可以随时解除劳动合同且不支付任何经济补偿。

2020 年 12 月 11 日，双方劳动合同终止后，曹芳以某能源公司违法约定试用期为由，向劳动仲裁委员会申请仲裁，要求裁决某能源公司支付一年"试用期"工资差额和违法约定试用期的赔偿金。劳动仲裁委员会调查后，裁决某能源公司向曹芳支付一年"试用期"工资差额和违法约定试用期的赔偿金共计 10 万余元。

某能源公司不服裁决，诉至法院，请求法院撤销劳动仲裁委员会的裁决。法院经过审理认为，曹芳并非"分配"到某能源公司的应届毕业生，双方之间建立的劳动关系并不适用见习制度的条件，因此，某能源公司和曹芳在劳动合同中约定的"见习期"，在法律性质上属于试用期。某能源公司和曹芳约定见习期一年，且其间曹芳工资低于转正后工

资，该期限超过《劳动合同法》规定的试用期期限，事实上延长了曹芳入职考察考核的时间，降低了部分期限内的工资标准。

最终，法院判决驳回某能源公司的所有诉求。

【分析】

试用期和见习期，存在四点不同：

第一，适用的对象不同。见习期适用于全日制普通高校毕业生，见习期满后由上级人事主管部门为毕业生办理转正以及相应的工资、职称评定手续，属于国家人事制度。而试用期则适用于法定劳动者，是其在与用人单位建立劳动关系后，为了能够相互了解，在协商基础上约定的考察期。

第二，期限不同。通常而言，见习期一般为一年以上，而试用期最长不能超过六个月。

第三，工资标准不同。见习期工资不能低于最低工资标准，具体工资标准由相关人事关系的法律、规章、规范性意见所规定。试用期工资则可由用人单位和劳动者协商约定，但不能低于用人单位相同岗位最低工资或劳动合同约定工资的百分之八十，并且不能低于用人单位所在地的最低工资标准。

第四，解除规则不同。劳动者见习期不合格的，用人单位可以延长见习期或者作出辞退处理，而用人单位想要解除试用期员工劳动合同，则要符合《劳动合同法》相关条文。

【法律法规】

《劳动合同法》第十九条：

劳动合同期限三个月以上不满一年的，试用期不得超过一个月；劳动合同期限一年以上不满三年的，试用期不得超过二个月；三年以上固定期限和无固定期限的劳动合同，试用期不得超过六个月。

《劳动合同法》第八十三条：

违法约定的试用期已经履行的，由用人单位以劳动者试用期满月工资为标准，按已经履行的超过法定试用期的期间向劳动者支付赔偿金。

【法律建议】

以见习期代替试用期继而延长员工试用时间、降低用工成本的做法，是行不通的，一旦员工提出异议，申请劳动仲裁，用人单位将会面临较大的法律风险。因此，用人单位要根据和劳动者所签订劳动合同的具体期限，依法设置试用期。

第五章

警惕考勤和奖惩纠纷陷阱

　　企业顺利运转，快速发展，离不开高效合理的考勤和奖惩制度。虽然企业拥有自主管理权，但这并不意味着"我的地盘我做主"，想制定什么制度就制定什么制度。当企业考勤和奖惩制度制定不合理时，可能会引发员工的诉讼，面临经济赔偿风险。

考勤和奖惩制度实施之前，必须公示吗？

一些公司老板总是想当然地认为，不管是考勤制度还是奖惩制度，都是用来管理员工的。于是召集公司高管，拟定出具体的条文，就可以实施了，员工并不需要参与，只需要遵守即可。真的是这样吗？

【案例】

2018年10月2日，罗某通过某机械公司面试，进入模具加工车间工作。一周后，某机械公司和罗某签订了劳动合同，自2018年10月2日起，到2021年10月1日止。双方在劳动合同中除了约定工资、社会保险费等相关事宜，还约定：在劳动合同执行期间，假如罗某严重违反公司规章制度或者相关劳动纪律，严重失职、营私舞弊，给公司造成重大损失，公司有权立即解除劳动合同，且无须向罗某支付任何经济补偿。

2020年9月，罗某在车间工作时，因操作失误，启动模具加工机床，导致一同事手指受伤。之后，某机械公司向罗某发出违纪处罚通知单，认为其在工作中违反了安全规则，以至于触发机器按钮，产生安全隐患，给予其黄色警告处分。

2020年10月，某机械公司再次向罗某下发违纪处罚通知单，以罗某隐瞒、编造事故情节为由，给予其红色警告处分，并根据公司《奖励与惩罚制度》规定——员工违纪累计扣分满10分，公司与其解除劳动合同，决定立即开除罗某。

对某机械公司的决定，罗某不服，遂向当地劳动仲裁委员会申请仲裁，请求裁决某机械公司支付违法解除劳动合同赔偿金4万元。劳动仲裁委员会经过调查后，认为某机械公司和罗某签订的劳动合同内容合法，双方应严格履行合同条文。根据相关法律规定，虽然用人单位对劳动者拥有处分的决定权，但应该依据企业的规章制度和劳动法规、劳动合同等规定，且处分程序应经法定程序向劳动者告示或告知。某机械公司未履行该义务，其制定的《奖励与惩罚制度》在实施前，未征求工会或者员工意见，未给予公示，且未能就罗某违规操作、编造事故情节等进行有效举证。

最终，劳动仲裁委员会作出裁定：某机械公司解除罗某劳动合同违法，应向其支付违法解除劳动合同赔偿金2.4万元。

【分析】

《劳动合同法》规定，用人单位应当建立和完善自身劳动规章制度，保障劳动者享有劳动权利，顺利履行劳动义务，但这并不意味着用人单位可以脱离劳动者，随便制定规章制度。某机械公司在制定奖惩制度时，犯了两个错误：

第一，未听取员工意见。根据劳动相关法规，用人单位在制定或者修改有关劳动报酬、奖励措施、休息休假、保险福利、劳动纪律、职工培训等直接涉及劳动者切身利益的规章制度或者重大事项时，应当经职工代表大会或者全体职工讨论，提出方案和意见。某机械公司制定《奖励与惩罚制度》时，并未和员工讨论，而是由管理层直接制定。

第二，未进行公示。用人单位应当将直接涉及劳动者切身利益的规章制度或者重大事项决定公示，做到广而告之，让单位内每一名劳动者都知晓。公示期间，劳动者有权向用人单位提出修改意见。某机械公司制定的《奖励和惩罚制度》，未在公司内公示便实施，涉嫌违反《劳动合同法》。

【法律法规】

《劳动合同法》第四条：

用人单位应当依法建立和完善劳动规章制度，保障劳动者享有劳动权利、履行劳动义务。

用人单位在制定、修改或者决定有关劳动报酬、工作时间、休息休假、劳动安全卫生、保险福利、职工培训、劳动纪律以及劳动定额管理等直接涉及劳动者切身利益的规章制度或者重大事项时，应当经职工代表大会或者全体职工讨论，提出方案和意见，与工会或者职工代表平等协商确定。

在规章制度和重大事项决定实施过程中，工会或者职工认为不适当的，有权向用人单位提出，通过协商予以修改完善。

用人单位应当将直接涉及劳动者切身利益的规章制度和重大事项决定公示，或者告知劳动者。

《最高人民法院关于审理劳动争议案件适用法律问题的解释（一）》第五十条：

用人单位根据劳动合同法第四条规定，通过民主程序制定的规章制度，不违反国家法律、行政法规及政策规定，并已向劳动者公示的，可以作为确定双方权利义务的依据。

【法律建议】

考勤和奖惩制度，直接关系到员工的切身利益，因此，企业在制定时，要充分听取员工意见，要及时公示，广而告之。如此，在劳动争议出现时，考勤和奖惩制度才能成为企业取胜的有力武器。

1.用人单位通过民主程序制定考勤和奖惩制度。用人单位在制定考勤和奖惩等和员工切身利益有直接关系的规章制度时，可以先拟定一个讨论稿，然后向员工发放，鼓励大家提出意见，并告知召开员工大会（或职工代表大会）时间。召开员工大会（或职工代表大会）征求意见，表决通过考勤、奖惩等规章制度。

2.将考勤、奖惩等规章制度进行公示。用人单位可以通过在官网（公告栏）张贴、员工阅读后签名、作为劳动合同附件、考核告知、培训签收等形式，进行公示，做到广而告之，让每一名劳动者都知晓。

存在多种考勤方式，仅凭其中一种，可以认定员工违纪将其开除吗？

考勤，是企业规范员工工作行为的一种重要制度，运用得好，能够有效挖掘员工工作潜能，提升员工工作效率。但是，假如考勤制度不完善、衔接不充分，不仅会引发企业和员工间的劳动争议，还会让企业面临巨额经济赔偿的风险。

【案例】

2019年2月1日，骆女士通过某电梯制造公司面试，入职担任销售经理。由于销售经理经常出差，所以公司为其准备了三种考勤方式：在公司办公时，采取指纹考勤机打卡；外出办事时，采用微信打卡；另外，骆女士生活中遇到事情需要处理时，还可以向公司提交书面请假、调休单。

2019年8月3日，骆女士突然接到某电梯制造公司出具的一份通知书，称根据公司的指纹打卡记录，其在工作期间，频繁迟到、早退，存在旷工行为，严重违反了公司的考勤制度，决定与其解除劳动合同。骆女士不服，认为自己经常出差，使用办公室考勤机指纹打卡的次数并不多，公司仅凭指纹考勤记录，便认定自己存在严重旷工行为，解除劳动合同，涉嫌违法。

双方协商不成，骆女士遂向法院提起诉讼，请求法院判决某电梯制造公司解除劳动合同违法，并支付相应赔偿金。法院经审理查明，某电梯制造公司规定了单位办公室指纹考勤机打卡、外出办事微信打卡和提交纸制请假单三种考勤方式，该公司提交的证据中仅有骆女士的指纹打卡记录，因此不能排除骆女士通过另外两种方式考勤的可能性。另外，骆女士和某电梯制造公司签订的劳动合同中，也有相应条款明确约定骆女士所在岗位需要经常出差，由此可以证明骆女士存在通过其他两种考勤方式考勤的情况。因此，法院认为被告某电梯制造公司仅提供指纹考勤机的考勤记录并不能证明骆女士存在迟到、早退等严重旷工行为。

最终，法院判决某电梯制造公司解除骆女士劳动合同违法，需支付骆女士工资损失6万余元。

【分析】

某电梯制造公司在和骆女士的劳动争议中，开始占据优势，但在法院诉讼期间，却处处被动，原因在于其在考勤中犯了两个错误：

1.考勤方式不统一。某电梯制造公司的考勤方式比较多，且未能做好衔接。某电梯制造公司对员工的考勤，可以通过办公室指纹考勤机完成，也可以通过微信打卡实现，还可以通过书面请假形式实现，未能确定一个权威的唯一的考勤方式。且某电梯制造公司的三种考勤方式未能彼此衔接、统筹，导致员工打卡记录分散、混乱。

2.未能有效保留证据。在日常考勤中，仅仅保留了骆女士的指纹打卡记录，微信打卡和纸制请假条都没有保留，继而在劳动争议出现后，未能有效举证，使得自身处于不利地位。

【法律法规】

《劳动合同法》第四条：

用人单位应当依法建立和完善劳动规章制度，保障劳动者享有劳动权利、履行劳动义务。

......

《劳动合同法》第三十九条：

劳动者有下列情形之一的，用人单位可以解除劳动合同：

（一）在试用期间被证明不符合录用条件的；

（二）严重违反用人单位的规章制度的；

（三）严重失职，营私舞弊，给用人单位造成重大损害的；

（四）劳动者同时与其他用人单位建立劳动关系，对完成本单位的工作任务造成严重影响，或者经用人单位提出，拒不改正的；

（五）因本法第二十六条第一款第一项规定的情形致使劳动合同无效的；

（六）被依法追究刑事责任的。

《劳动合同法》第四十八条：

用人单位违反本法规定解除或者终止劳动合同，劳动者要求继续履行劳动合同的，用人单位应当继续履行；劳动者不要求继续履行劳动合同或者劳动合同已经不能继续履行的，用人单位应当依照本法第八十七条规定支付赔偿金。

【法律建议】

用人单位如何避免因考勤和劳动者出现劳动争议呢？如何未雨绸缪，在可能出现的劳动争议中，始终处于有利地位呢？

1.完善考勤制度，明确有效考勤方式。用人单位要不断完善考勤制度，确定唯一的、可追溯的考勤方式。假如因为岗位性质，不得不设置其他考勤方式，可以"分类考勤"，对需要实行其他考勤方式的劳动者单独考勤。

2.保留劳动者考勤记录。不管使用何种方式对劳动者进行考勤，用人单位都需要保存好考勤记录。每隔一定周期，比如，一个星期、一个月、一个季度等，用人单位可将考勤记录交由员工确认并签字。

违纪行为没有详细列明，未设兜底条款，有何法律风险？

　　企业制定的考勤和奖惩制度，假如没有详细列明员工可能出现的违纪行为以及由此引发的处罚措施，没有设置任何兜底条款，那么一旦出现劳动争议，则可能为自身带来巨大的用工风险。

【案例】

　　杨某某和某电器制造公司先后签订过两次劳动合同，期限分别为2014年5月23日至2017年5月31日、2017年6月1日至2020年5月31日。2018年8月25日至8月30日，杨某某在工作期间，使用某电器制造公司办公电脑，长时间访问和工作无关的购物网站，累计时长达23小时。

　　某电器制造公司认为杨某某的行为造成了公司办公资源浪费，对公司信息安全也构成了较大威胁，根据《员工纪律条例》，杨某某的行为属于"严重违纪行为"，据此，某电器制造公司向其出具了《违纪解除劳动合同关系通知书》，明确了解除劳动关系时间，并告知其公司不会给予任何经济补偿。

　　杨某某不服，将某电器制造公司诉至法院，请求法院判决某电器制造公司非法解除劳动合同，并支付45000元经济赔偿。法院经过审理认为，某电器制造公司提供的《员工纪律条例》第三条第三项规定：员工违反公司相关规章制度给公司造成一定经济损失或者不良影响，将给予处罚。处罚分为：通报批评、扣分、降级、降职、辞退、除名等。第四条规定：违反A、B、C、D类劳动纪律者分别扣2、4、6、10分。对一年内累计满10分的违纪者，公司将与其提前解除劳动合同。违反此员工纪律条例而被解除劳动合同者，公司不会给予任何经济补偿。

本案中，某电器制造公司提供的证据虽然能够证明杨某某在工作时间内浏览与工作无关的购物网站，但对其处罚却没有明确的依据——根据某电器制造公司《员工纪律条例》规定，对杨某某工作时间浏览购物网站的行为如何处罚并没有明确的规定。某电器制造公司参照条例A类违纪情形中，仅明确工作时间阅读与工作无关的书籍、杂志可以扣2分，且没有任何兜底条款。最终，法院判决某电器制造公司违法解除劳动合同，需要向杨某某支付45000元赔偿金。

【分析】

明明是员工杨某某违反公司的奖惩制度，为什么在诉讼中赔钱的却是某电器制造公司呢？

第一，某电器制造公司奖惩制度中未详细列举违纪行为。某电器制造公司虽然制定了《员工纪律条例》，其中也有关于员工违纪行为的条文，却未能详细列举员工的违纪行为，致使杨某某工作时间长期浏览购物网站的行为无规可依，之后仅能参照条例A类违纪行为进行处罚。

第二，未能设置兜底条款。所谓"智者千虑，必有一失"，企业的奖惩以及其他制度，本身便具有预先设定的性质，不管企业设定的违纪行为如何详细，都不可能囊括所有。因此，设置兜底条款便显得异常重要，某电器制造公司在制定《员工纪律条例》时，未能设置兜底条款，让自身在今后和杨某某的劳动诉讼中处于不利地位。

【法律法规】

《劳动合同法》第四十七条第一款：

经济补偿按劳动者在本单位工作的年限，每满一年支付一个月工资的标准向劳动者支付。六个月以上不满一年的，按一年计算；不满六个月的，向劳动者支付半个月工资的经济补偿。

《劳动合同法》第四十八条：

用人单位违反本法规定解除或者终止劳动合同，劳动者要求继续履行劳动合同的，用人单位应当继续履行；劳动者不要求继续履行劳动合同或者劳动合同已经不能继续履行的，用人单位应当依照本法第八十七条规定支付赔偿金。

《劳动合同法》第八十七条：

用人单位违反本法规定解除或者终止劳动合同的，应当依照本法第四十七条规定的经济补偿标准的二倍向劳动者支付赔偿金。

【法律建议】

对于员工的处罚，在有法可依的前提下，企业还应做到"有规可依"。因此，企业的规章制度越详细越好，越全面越好。

1.采取列举形式来规定员工违纪行为。在制定或补充处罚、奖惩等制度时，用人单位最好采取列举的形式来规定员工违纪行为。比如，"如下行为，属于严重违纪：工作时间使用电脑浏览和工作内容无关网站累计时长超过2小时、一年内旷工累计超过7天、向其他人透露工资标准和结构、不服从上级具体工作安排等行为。"

2.明确兜底条款。员工可能出现的违纪行为，采用列举方式描述，是无法穷尽的。因此，企业需要在制定或补充奖惩制度时，设立兜底条款，比如"其他影响公司正常经营的行为"等。

员工无故旷工三天，企业未通知工会将其解雇，需要支付赔偿金吗？

对任何公司而言，旷工都是不允许的，因此，很多公司都有这样的规定：员工无故旷工累计三天以上，公司有权解除劳动合同，且不需给予经济赔偿。但假如忽略一个条件，公司这样做，可能面临巨额经济赔偿。

【案例】

2018年3月2日，钱某入职某保险公司，一周后，双方签订了劳动合同，自2018年3月2日起至2022年3月1日止。2020年6月3日至5日，钱某事前没有向公司请假，连续三日未到岗，其间手机一直关机，公司多次电话联系未果。某保险公司认为其严重违反公司奖惩制度，遂于2020年6月8日向其出具了《解除劳动合同通知书》。

钱某对某保险公司解除劳动合同不服，多次协商，要求某保险公司撤销《解除劳动合同通知书》，但某保险公司都以"钱某严重违反公司奖惩制度"为由回绝。于是钱某向当地劳动仲裁委员会申请仲裁，要求某保险公司支付违法解除劳动合同赔偿金9万余元。当地劳动仲裁委员会经过调查后，认为钱某未履行请假手续，连续旷工三天，严重违反公司奖惩制度事实清晰，驳回了其仲裁请求。

钱某不服劳动仲裁委员会仲裁，向法院提起诉讼，认为某保险公司在解除劳动合同前未事先通知工会，属于违法行为，请求法院判决某保险公司支付违法解除劳动合同赔偿金9万余元。

　　法院经过审理认为，根据《劳动合同法》规定，用人单位单方面解除劳动合同，必须事先将理由通知工会，未建立工会的，在解除劳动合同时，也应当向当地总工会征询意见。某保险公司虽然未建立工会，但在解除钱某劳动合同前，既未向当地总工会征询意见，也没有在钱某起诉前补正相关程序。因此，法院判决某保险公司解除钱某劳动合同违法，向钱某支付经济赔偿金9万余元。

【分析】

　　钱某犯错在先，严重违反奖惩制度，某保险公司将其解雇后，竟然要向其赔偿，听起来似乎非常不合理。之所以会出现这种"不合理"的结果，原因在于某保险公司犯了两个错误：

　　第一，处罚过重。钱某连续旷工三天，某保险公司便作出解除劳动合同的决定，处罚有过重嫌疑。对于员工的违纪行为，某保险公司在奖惩制度中，应详细分级，诸如轻度违纪、中度违纪、重度违纪等。假如什么违纪行为都冠以"严重违纪"，难免会产生更多的劳动争议。

　　第二，解雇钱某前没有将理由提前通知工会。按照《劳动合同法》规定，用人单位在解除劳动合同前，应当将理由通知工会。某保险公司在向钱某出具《解除劳动合同通知书》前，并未履行这一法定义务，继而让自己在和钱某的劳动诉讼中陷入不利地位，向其支付了巨额经济赔偿。

【法律法规】

　　《劳动合同法》第四十三条：

用人单位单方面解除劳动合同，应当事先将理由通知工会。用人单位违反法律、行政法规规定或者劳动合同约定的，工会有权要求用人单位纠正。用人单位应当研究工会的意见，并将处理结果书面通知工会。

《最高人民法院关于审理劳动争议案件适用法律问题的解释（一）》第四十七条：

建立了工会组织的用人单位解除劳动合同符合《劳动合同法》第三十九条、第四十条规定，但未按照《劳动合同法》第四十三条规定事先通知工会，劳动者以用人单位违法解除劳动合同为由请求用人单位支付赔偿金的，人民法院应予支持，但起诉前用人单位已经补正有关程序的除外。

《中华人民共和国工会法》第二十一条：

工会帮助、指导职工与企业、实行企业化管理的事业单位、社会组织签订劳动合同。

工会代表职工与企业、实行企业化管理的事业单位、社会组织进行平等协商，依法签订集体合同。集体合同草案应当提交职工代表大会或者全体职工讨论通过。

工会签订集体合同，上级工会应当给予支持和帮助。

企业、事业单位、社会组织违反集体合同，侵犯职工劳动权益的，工会可以依法要求企业、事业单位、社会组织予以改正并承担责任；因履行集体合同发生争议，经协商解决不成的，工会可以向劳动争议仲裁机构提请仲裁，仲裁机构不予受理或者对仲裁裁决不服的，可以向人民法院提起诉讼。

【法律建议】

企业因员工严重违纪解除劳动关系时，除了要提前三十天以书面形式通知对方，还需要履行工会告知义务。

1.解雇员工前通知企业内部工会或地方总工会。员工严重违纪，企业将其解雇前，要将解雇理由通知企业工会。企业未建立工会的，需要征询地方工会组织（行业工会组织）的意见。

2. 及时补正相关程序。员工严重违纪，企业提前三十天履行告知义务，以书面形式告知解除劳动合同，却没有提前告知工会，并不意味着企业行为已经违法。企业只要在劳动争议或诉讼产生前，将相关程序补正即可，效力等同于提前通知工会。

为提升工作效率，员工绩效考核不合格扣工资，是鞭策员工的好办法吗？

有些企业为了提升员工的工作效率，将绩效考核和员工工资挂钩，采用"不合格就扣工资"的方式鞭策员工。这种方法真的能提升员工工作效率吗？会面临怎样的法律风险？

【案例】

肖先生在南京某超市连锁公司工作十二年，从小职员干起，一步步升到店长，每月基本工资加上绩效工资为11000元左右。2021年9月，肖先生拿到工资明细后，发现他被无缘无故扣掉了150元。肖先生立即到公司人力资源部门询问原因，人力主管回复因其"工作态度不好"，按照绩效考核标准，需扣除150元。

肖先生并不认为自己的工作态度有问题，而且并不知道某超市连锁公司绩效管理制度中有这项规定，肖先生认为公司以绩效考核为由，行随便克扣员工工资之实，遂提出了离职。

2021年9月21日，肖先生以某超市连锁公司没有支付足额工资为由，向劳动仲裁委员会申请仲裁，请求裁决某超市连锁公司支付解除劳动合同经济赔偿金13.2万元。劳动仲裁委员会调查后，支持了肖先生的请求。

某超市连锁公司不服，向法院提起诉讼，要求撤销劳动仲裁委员会作出的裁决。法院经过审理认为，某超市连锁公司公示的绩效考核条文中并未有"态度好"的相关标准，在绩效考核中，某超市连锁公司随意定夺，主观性太强。另外，某超市连锁公司不能充分证明肖先生工作态度不好。

最终，法院判决驳回某超市连锁公司请求。

【分析】

某超市连锁公司明明是根据绩效考核制度，以绩效鞭策员工，为什么在和肖先生的劳动争议和诉讼中，反而处于不利地位，支付较大数额的赔偿呢？

1. 绩效考核制度中缺乏相应考核标准。某超市连锁公司的绩效考核制度并不完善，缺乏对员工工作态度的考核标准。没有具体的考核标准，某超市连锁公司的绩效考核结果便缺乏正当性、合理性，自然不会获得法院的支持。

2. 不能充分举证肖先生在工作中"态度不好"。某超市连锁公司在举证时，拿不出有利的证据，不能证明肖先生在具体工作中态度如何不好，因其态度不好对公司造成了怎样的损失。

【法律法规】

《劳动合同法》第三十八条：

用人单位有下列情形之一的，劳动者可以解除劳动合同：

（一）未按照劳动合同约定提供劳动保护或者劳动条件的；

（二）未及时足额支付劳动报酬的；

（三）未依法为劳动者缴纳社会保险费的；

（四）用人单位的规章制度违反法律、法规的规定，损害劳动者权益的；

（五）因本法第二十六条第一款规定的情形致使劳动合同无效的；

（六）法律、行政法规规定劳动者可以解除劳动合同的其他情形。

用人单位以暴力、威胁或者非法限制人身自由的手段强迫劳动者劳动的，或者用人单位违章指挥、强令冒险作业危及劳动者人身安全的，劳动者可以立即解除劳动合同，不需事先告知用人单位。

《劳动合同法》第四十七条：

经济补偿按劳动者在本单位工作的年限，每满一年支付一个月工资的标准向劳动者支付。六个月以上不满一年的，按一年计算；不满六个月的，向劳动者支付半个月工资的经济补偿。

劳动者月工资高于用人单位所在直辖市、设区的市级人民政府公布的本地区上年度职工月平均工资三倍的，向其支付经济补偿的标准按职工月平均工资三倍的数额支付，向其支付经济补偿的年限最高不超过十二年。

本条所称月工资是指劳动者在劳动合同解除或者终止前十二个月的平均工资。

【法律建议】

用人单位利用绩效考核扣除员工工资时，应如何避免引发不必要的劳动争议，面临数额较大的经济赔偿风险呢？

1. 在劳动合同中约定绩效工资。在和劳动者签订劳动合同时，要列出专门的条文，明确工资由基本工资和绩效工资组成，绩效工资根据劳动者的绩效考核结果确定。不在工资构成中明确绩效工资，用人单位扣除绩效工资便相当于少给工资，劳动者可以克扣工资为由要求解除劳动合同并支付经济赔偿金。

2. 完善绩效考核制度，明确相关考核标准。绩效考核制度中要不断完善、明确相关考核标准，做到有章可循、按章办事。另外，绩效考核制度要公示，可在签订劳动合同时，作为附件，要求劳动者一同签字确认。

3. 利用绩效考核扣除员工工资需要员工确认签字。用人单位利用绩效考核扣除员工工资，需要员工签字确认，且还需向员工说明扣除原因，明确考核标准。

员工工作失误，造成较大损失，企业可以要求其赔偿吗？

员工在工作中因为某些原因出现失误，让公司产生了较大的损失，在这种情况下，企业可以要求员工进行赔偿吗？如果提起诉讼，法院会支持吗？

【案例】

2018年6月，刘健（化名）入职广州某食品公司，从事驾驶员岗位工作，负责驾驶公司车辆为广州市区内的客户运送公司货物。某食品公司和刘健在劳动合同中除了约定工资、工作地点、工作内容等，还特别约定：如果员工因为工作失误给公司造成经济损失，公司有权依法从其工资、奖金、津贴中做相应扣除。工资不够扣除的，公司有权就剩余部分向员工追偿。

2018年7月30日，刘健在配送货物时，在某路段转弯时由于操作不当，导致车辆撞到中央隔离的水泥柱上，致使车辆和货物受损，刘健和副驾驶位上的同事也受了伤。之后，交警部门出具了《道路交通事故认定书》，认定刘健承担全部责任。2018年11月24日，刘健所受伤害被认定为工伤。

此次交通事故，某食品公司除了要维修车辆，还损失了货物，未及时配送的货物还需要赔付违约金，同时还要向刘健支付工伤赔偿。

事后，某食品公司向劳动仲裁委员会申请仲裁，要求裁决刘健赔偿公司的经济损失，但劳动仲裁委员会未受理。某食品公司遂向法院提起诉讼，请求法院判决刘健赔偿公司车辆维修费 37465 元、货物损失费 95558.29 元。

法院经过审理认为，刘健受某食品公司指派在配送货物过程中发生交通事故，经交警部门认定承担全部责任。虽然刘健系履行职务行为，但本次事故由刘健违反道路交通安全法行为引起，且某食品公司和刘健在劳动合同中也对追偿权进行了明确约定，故某食品公司要求刘健赔偿交通事故造成损失的诉讼请求符合法律和合同约定，法院予以支持。但某食品公司举证不足以证明事故发生时，刘健驾驶的车辆上所载物品包含了哪些，所以，法院只支持货物损失费 35885.3 元。

最终，法院判决刘健赔偿某食品公司车辆维修费 37465 元、货物损失费 35885.3 元，合计 73350.3 元。

【分析】

刘健在履行职务过程中发生交通事故，为什么还要赔偿某食品公司的经济损失呢？原因主要有二：

第一，刘健被交警部门认定对交通事故负全责。刘健驾驶公司车辆，因违反交通安全法规而造成交通事故，负有百分之百的责任。简单地说，这次交通事故完全是由于刘健的违法操作行为造成的，某食品公司提供的车辆没有任何问题。

第二，某食品公司和刘健签订的劳动合同中明确了追偿权。在某食品公司和刘健签订的劳动合同中，有追偿权的专门条文，即如果员工因为工作失误给公司造成经济损失，公司有权依法从其工资、奖金、津贴中做相应扣除。工资不够扣除的，公司有权就剩余部分向员工追偿。这一约定并没有违反相关法律法规，刘健签字后，便具有了法律效力。

【法律法规】

《工资支付暂行规定》（劳部发〔1994〕489号）第十六条：

因劳动者本人原因给用人单位造成经济损失的，用人单位可按照劳动合同的约定要求其赔偿经济损失。经济损失的赔偿，可从劳动者本人的工资中扣除。但每月扣除的部分不得超过劳动者当月工资的20%。若扣除后的剩余工资部分低于当地月最低工资标准，则按最低工资标准支付。

【法律建议】

如何确保劳动者因自身失误给用人单位造成重大损失时，用人单位能向其追偿呢？

1. 在劳动合同中明确用人单位追偿权。在和劳动者签订劳动合同时，用人单位要明确自身追偿权，即劳动者因自身失误给用人单位造成重大损失的，用人单位有权从其每月工资奖金、津贴中做相应扣除。工资不够扣除的，用人单位有权就剩余部分向员工追偿。

2. 证明员工存在故意或重大过失。除了在劳动合同中明确自身追偿权，用人单位想要劳动者赔偿损失，还需要证明其存在主观上的故意或者有重大过失。假如用人单位不能提供证据证明劳动者存在故意和重大过失，用人单位强行扣工资来抵扣损失，则可能被认定为克扣劳动者工资，继而面临数额较大的经济赔偿风险。

员工严重违纪，为消除安全隐患，可以和其解除劳动关系吗？

有时候，员工的违纪行为对企业的生产经营活动造成了巨大的安全隐患，为了消除这种不安全因素，企业可以将其开除吗？

【案例】

刘海亮（化名）是某煤化公司员工，工作岗位为锅炉运行技师。2019 年 11 月，刘海亮工作期间两次在更衣室吸烟，后被安全督导员发现。2019 年 12 月，某煤化公司认定刘海亮在更衣室吸烟的行为属于严重违纪，根据公司《职工处分规定》《公司违纪违规处分办法》，决定给予其开除处分。

刘海亮不服，向劳动仲裁委员会申请仲裁，请求裁决某煤化公司作出的开除决定违法，依法撤销处分决定，继续履行劳动合同。劳动仲裁委员会认为某煤化公司作出的处分过重，支持了刘海亮的仲裁请求。某煤化公司不服仲裁结果，向法院提起诉讼，要求确认公司和刘海亮解除劳动合同的行为合法有效，无须撤销处分决定，无须继续履行和刘海亮的劳动合同。

法院经过审理认为，某煤化公司提交的证据证明《职工处分规定》《公司违纪违规处分办法》等文件系经民主程序制定，内容不违反法律规定，并通过公司内网向员工进行了公示。刘海亮抽烟的更衣室为一级防火区，且更衣室数米外有密集的化工原料输送管道，属于严禁携带香烟、火种进入并严禁吸烟的区域。刘海亮在更衣室抽烟的行为，属于某煤化公司《职工处分规定》中规定的违纪行为，且情节特别严重。

最终，法院判决某煤化公司和刘海亮的劳动合同解除。

【分析】

某煤化公司在和员工刘海亮之间的劳动争议和诉讼中，为什么能够转败为胜呢？

第一，公司制度的制定符合法律法规程序，合法有效。某煤化公司制定的《职工处分规定》《公司违纪违规处分办法》等文件系经民主程序制定，内容不违反法律规定，并通过公司内网向员工进行了公示。在这一前提下，某煤化公司按照规章制度对员工进行奖惩，行使经营自主权，是完全合理的，受法律保护。

第二，充分举证，证明刘海亮严重违纪。某煤化公司在庭审期间，进行了充分举证，通过更衣室数米外的密集化工原料输送管道以及百米外的天然气管道，证明更衣室为规章制度中的一级防火区，刘海亮在更衣室吸烟的行为，属于严重违纪。

【法律法规】

《劳动合同法》第四十条：

有下列情形之一的，用人单位提前三十日以书面形式通知劳动者本人或者额外支付劳动者一个月工资后，可以解除劳动合同：

（一）劳动者患病或者非因工负伤，在规定的医疗期满后不能从事原工作，也不能从事由用人单位另行安排的工作的；

（二）劳动者不能胜任工作，经过培训或者调整工作岗位，仍不能胜任工作的；

（三）劳动合同订立时所依据的客观情况发生重大变化，致使劳动合同无法履行，经用人单位与劳动者协商，未能就变更劳动合同内容达成协议的。

【法律建议】

用人单位如何在劳动者严重违纪时，顺利解除其劳动合同呢？

1.用人单位要确保规章制度的制定符合法定程序，内容合法有效。规章制度是用人单位对劳动者行使管理权的基础和依据，因此，其制定要符合法定程序，并尽可能细化具体条款。比如，对于禁止性行为，要尽量避免使用"不得影响生产进度"等笼统的、概括性的说法。

2.用人单位需要举证证明劳动者存在严重违反规章制度的行为。在工作中，用人单位要增强证据意识，将每一个程序或环节都"留痕"，用书面文件、录音、录像等方式固定证据。

分级管理员工，实行末位淘汰，企业承担风险吗？

很多企业老板将"末位淘汰制"视为奖惩法宝，认为有这把宝剑悬在员工头上，他们必然会拼命地工作，为企业创造尽可能多的价值。实际操作时，末位淘汰制真能产生这样的作用吗？对企业而言，没有任何法律风险吗？

【案例】

2018 年 2 月 11 日，唐铭（化名）入职广州某设计公司，双方签订了两年期劳动合同，约定唐铭月薪 7000 元，等级为三级经理。2018 年 12 月 30 日，某设计公司公布年终考评结果，唐铭综合评分为 52.16 分，在公司同岗位员工中位列倒数第一。某设计公司对唐铭劝退未果，将其职级降为四级员工，工资标准降为月薪 3100 元。

2019 年 4 月 20 日，公司将唐铭安排到一家工厂轮训，以提升其设计能力。唐铭对公司的做法提出异议，继续在原工作地点上班，某设计公司认定其行为属于旷工。2019 年 5 月 19 日，某设计公司向唐铭出具解除劳动关系告知书，通知因其 2018 年度绩效考评倒数第一且拒不参加培训，公司决定自 2019 年 5 月 19 日解除双方劳动关系。

唐铭不服，向劳动仲裁委员会申请仲裁，请求裁决某设计公司支付违法解除劳动关系赔偿金，得到劳动仲裁委员会支持。某设计公司不服，向法院提起诉讼，辩称根据公司《员工手册》中"年度绩效考核"规定，公司每年绩效考核一次，末位淘汰，因此公司有权解除唐铭劳动合同且不需支付任何赔偿金。

法院经过审理认为，虽然企业拥有经营自主权，可制定内部规章制度，但需依法向员工公示。某设计公司不能举证《员工手册》已经向员工公示，据此对唐铭降薪没有根据。另外，有证据证明某设计公司其他被安排培训的员工并未在指定地点培训，仅唐铭一人被要求去培训地打卡，且其间唐铭一直在原工作地点工作。因此，某设计公司以旷工为理由解除与唐铭的劳动合同是违法的。

最终，法院判决某设计公司向唐铭支付违法解除劳动合同赔偿金27600元。

【分析】

某设计公司实行的末位淘汰制，为何不被法院认可呢？

第一，未听取员工意见，未进行公示。用人单位能不能将末位淘汰制写进规章制度中，以此鞭策员工，提升他们的工作效率？答案是可以的，但必须提前公示。未提前公示，便要求员工遵守，并以此为根据对员工进行调岗、降薪甚至辞退，是不会得到法院支持的。

第二，未对唐铭进行再培训。用人单位的末位淘汰制虽然经过民主议定程序制定，并且向员工做了公示，但是在员工业绩考核不理想时，只有在经过培训或者调整工作岗位，员工仍然不能胜任工作时，才能解除劳动合同。唐铭未经过培训便被解除劳动关系，某设计公司做法显然违法。

【法律法规】

《劳动合同法》第四条：

用人单位应当依法建立和完善劳动规章制度，保障劳动者享有劳动权利、履行劳动义务。

用人单位在制定、修改或者决定有关劳动报酬、工作时间、休息休假、劳动安全卫生、保险福利、职工培训、劳动纪律以及劳动定额管理等直接涉及劳动者切身利益的规章制度或者重大事项时，应当经职工代表大会或者全体职工讨论，提出方案和意见，与工会或者职工代表平等协商确定。

在规章制度和重大事项决定实施过程中，工会或者职工认为不适当的，有权向用人单位提出，通过协商予以修改完善。

用人单位应当将直接涉及劳动者切身利益的规章制度和重大事项决定公示，或者告知劳动者。

【法律建议】

在什么情况下，用人单位可以无风险地实行末位淘汰制呢？

1.将末位淘汰制写进劳动合同或作为劳动合同的副本。用人单位可以将末位淘汰制相关条款在劳动合同中以专门条款列出，或者将包含有末位淘汰制条款的《员工手册》作为劳动合同副本，在劳动者签订劳动合同时，要求劳动者现场阅读，并在阅读确认书上签字确认。

2.对绩效考核末位劳动者进行培训或调岗。劳动者绩效考核居末位，用人单位并不能立即解除劳动合同，而是应对其进行劳动技能提升培训，或者调岗，假如其仍然不能胜任工作，用人单位才能解除劳动合同。需要注意的是，用人单位需要保留培训和员工不能胜任工作的证据，要能充分举证员工不符合用工条件。

第六章

做好薪酬管理，莫在工资上栽跟头

　　获得薪酬是劳动者工作的最主要目标之一，直接关联着劳动者的工作积极性和幸福感。因此，企业只有做好薪酬管理，才能最大限度地避免因薪酬问题和员工产生劳动争议，继而被员工起诉。

未能及时发放工资，员工辞职后索赔，企业应该给吗？

有些中小企业因为经营问题导致资金周转困难时，会习惯性地延期发放工资。老板认为，员工和企业是一个整体，是一荣俱荣、一损俱损的关系，晚发一个月或几个月工资，又不是不给，员工是可以理解的。但这种认知很多时候并不为员工认同，碰到"较真"的，企业可能要支付较大金额赔偿金。

【案例】

2012 年 7 月 3 日，孙某某通过面试入职东莞市某玩具厂，担任包装工。三天后，某玩具厂和孙某某签订了劳动合同，双方约定：甲方（某玩具厂）每月 28 日发放上个月工资，如遇法定节假日，则提前到最近的工作日支付。

自 2019 年 2 月开始，某玩具厂并未按照合同约定准时发放工资，至 2019 年 12 月，孙某某仅仅收到三个月工资。孙某某多次找老板协商，请求准时、全额发放工资，但每次老板都以"大环境不好，工厂订单少"为理由，要求孙某某有耐心，等工厂订单增加后，工厂会一次性发放拖欠的工资。

2020 年 3 月 9 日，孙某某找到老板，以"工资太低且严重拖欠"为由离职，并索要工厂拖欠的工资。老板同意其离职，但并未立即支付拖欠的工资，而是要其"体谅一下工厂的困难，再等等"。孙某某遂向法院提起诉讼，请求法院判决某玩具厂支付拖欠的工资并给予经济赔偿。

法院经过审理认为，某玩具厂所辩称的因疫情影响导致 2020 年存在延迟发放工资的情况可予以采信，但 2019 年 2 月至 2019 年 12 月期间，并没有发生疫情，某玩具厂给孙某某的工资却存在延迟发放的情况。孙某某在辞职时，已经在员工离职申请中明确了辞职原因，即某玩具厂严重拖欠工资。根据《劳动合同法》相关规定，用人单位未及时足额支付劳动报酬的，劳动者可以解除合同，用人单位应当向劳动者支付经济补偿。

最终，法院判决某玩具厂支付拖欠的孙某某工资，并向其支付经济补偿 29272 元。

【分析】

某玩具厂老板在和孙某某的诉讼中，之所以处于不利地位，是因为其犯了两个错误：

第一，未能提前和孙某某协商。企业有困难，延缓或者部分发放员工工资是可以的，但前提是必须和员工协商一致。某玩具厂延迟发放工资前，未和孙某某协商一致，而是单方面作出决定，以至于引发了诉讼，让自身陷于麻烦之中。

第二，未能在孙某某离职时立即发放拖欠工资。根据相关劳动法律法规，用人单位拖欠劳动者工资，劳动者有权解除劳动合同。当孙某某提出离职申请时，某玩具厂老板虽然同意，但未及时支付拖欠的工资，以至于让自身陷入诉讼，除了支付拖欠工资，还必须向孙某某支付近 3 万元经济补偿。

《劳动合同法》第三十八条：

用人单位有下列情形之一的，劳动者可以解除劳动合同：

（一）未按照劳动合同约定提供劳动保护或者劳动条件的；

（二）未及时足额支付劳动报酬的；

（三）未依法为劳动者缴纳社会保险费的；

（四）用人单位的规章制度违反法律、法规的规定，损害劳动者权益的；

（五）因本法第二十六条第一款规定的情形致使劳动合同无效的；

（六）法律、行政法规规定劳动者可以解除劳动合同的其他情形。

用人单位以暴力、威胁或者非法限制人身自由的手段强迫劳动者劳动的，或者用人单位违章指挥、强令冒险作业危及劳动者人身安全的，劳动者可以立即解除劳动合同，不需事先告知用人单位。

《劳动合同法》第四十六条：

有下列情形之一的，用人单位应当向劳动者支付经济补偿：

（一）劳动者依照本法第三十八条规定解除劳动合同的；

（二）用人单位依照本法第三十六条规定向劳动者提出解除劳动合同并与劳动者协商一致解除劳动合同的；

（三）用人单位依照本法第四十条规定解除劳动合同的；

（四）用人单位依照本法第四十一条第一款规定解除劳动合同的；

（五）除用人单位维持或者提高劳动合同约定条件续订劳动合同，劳动者不同意续订的情形外，依照本法第四十四条第一项规定终止固定期限劳动合同的；

（六）依照本法第四十四条第四项、第五项规定终止劳动合同的；

（七）法律、行政法规规定的其他情形。

【法律建议】

为了避免延迟或未足额发放工资引发劳动争议和诉讼，最终赔了夫人又折兵，用人单位应做好两个方面：

1. 按照劳动合同约定日期及时足额发放工资。用人单位在和劳动者签订劳动合同后，要严格按照合同中约定的工资发放日期，准时足额向劳动者发放工资。如此，劳动者对用人单位才有归属感，劳动关系才会保持稳定和谐。

2. 需延迟或部分发放工资的要提前和劳动者协商一致。假如用人单位遭遇经营困难，资金周转出现问题，确实需要延迟发放或者部分发放员工工资时，应提前和员工进行协商。员工同意后，以书面形式通知对方，对方签字后，才能延期或部分发放工资。一旦经营状况好转，用人单位需立即全额补发员工工资，并给予一定物质或金钱上的补偿。

员工违反规章制度，企业以降薪作为惩罚，可行吗？

有些企业，特别是中小企业，在员工违反规章制度后，除了给予通报批评、扣分等处分，出于"树立违纪典型、树立制度权威"的考虑，往往还会以降薪作为惩罚，让员工感受到"真真切切"的违纪成本。这种做法看似高明，其实形同于自掘坟墓，一旦员工提起诉讼，企业可能要支付巨额经济赔偿。

【案例】

2008 年 5 月 11 日，马女士通过深圳某科技公司的面试，入职担任技术开发工程师，双方签订一份无固定期限劳动合同。

2018 年 10 月 21 日，某科技公司通知马女士，因其在公司微信群内和同事讨论个人薪资待遇，违反了公司《员工守则》，决定给予其严重警告，并且将其工资下浮一大级，自 2018 年 10 月起，马女士每月工资由 9580 元下调至 9080 元。

2018 年 12 月 12 日，马女士向某科技公司递交了《被迫解除劳动关系的通知函》，告诉公司，因其无故降低自己工资水平，拖欠工资，要求解除劳动关系，并支付解除劳动合同经济补偿 197399.27 元。某科技公司认为，马女士系自行解除劳动关系，因此公司并不需要向其支付任何经济补偿。

劳动争议出现后，马女士向当地劳动仲裁委员会申请仲裁，要求某科技公司支付解除劳动合同经济补偿 197399.27 元。劳动仲裁委员会经过调查后，支持了马女士的诉求，作出裁决：某科技公司向马女士支付解除劳动合同经济补偿 197399.27 元。

　　某科技公司不服，向法院提起诉讼。法院经过审理认为，根据某科技公司制定的《员工守则》规定，向他人了解工资、奖金或者泄露工资、奖金、报酬的，给予警告、严重警告、记过、记大过处分，造成不良影响或重大损失的，解除劳动合同关系。马女士仅在公司微信群讨论个人工资待遇，某科技公司并未出示证据证明该行为造成了任何不良影响，或带来了巨大经济损失，因此，某科技公司作出的降薪决定缺乏合理性。

　　未事先经双方协商一致，某科技公司单方面降低马女士的工资，迫使马女士被迫解除劳动关系，某科技公司应当向其支付经济补偿。法院经核算，马女士离职前十二个月平均工资为每月 12627.07 元，法院判决公司应当支付马女士解除劳动合同经济补偿 132584.24 元。

【分析】

　　某科技公司和马女士的劳动纠纷中，存在两个争议点：

　　第一，某科技公司是否有权扣减马女士的工资。虽然某科技公司规章制度中确实存在员工间严禁相互谈论工资收入、不得向他人泄露薪酬相关信息等条文，但工资是由员工和某科技公司在劳动合同中约定的，除非马女士存在严重过错，某科技公司才能在法律允许的范围内扣发其工资。某科技公司不能证明马女士的行为对公司造成了恶劣影响或经济损失，因此，以此为理由扣发马女士的工资缺乏必要性和合理性。

第二，马女士主动解除劳动关系，某科技公司是否给予经济补偿。某科技公司在没有充分理由的前提下，扣发马女士的工资，马女士以此为理由主张被迫离职，有法可依。马女士向某科技公司递交的《被迫解除劳动关系的通知函》中，已经明确了解除事由，即由于公司存在克扣、拖欠工资等情形。

【法律法规】

《劳动合同法》第四十六条：

有下列情形之一的，用人单位应当向劳动者支付经济补偿：

（一）劳动者依照本法第三十八条规定解除劳动合同的；

（二）用人单位依照本法第三十六条规定向劳动者提出解除劳动合同并与劳动者协商一致解除劳动合同的；

（三）用人单位依照本法第四十条规定解除劳动合同的；

（四）用人单位依照本法第四十一条第一款规定解除劳动合同的；

（五）除用人单位维持或者提高劳动合同约定条件续订劳动合同，劳动者不同意续订的情形外，依照本法第四十四条第一项规定终止固定期限劳动合同的；

（六）依照本法第四十四条第四项、第五项规定终止劳动合同的；

（七）法律、行政法规规定的其他情形。

《劳动合同法》第四十七条：

经济补偿按劳动者在本单位工作的年限，每满一年支付一个月工资的标准向劳动者支付。六个月以上不满一年的，按一年计算；不满六个月的，向劳动者支付半个月工资的经济补偿。

劳动者月工资高于用人单位所在直辖市、设区的市级人民政府公布的本地区上年度职工月平均工资三倍的，向其支付经济补偿的标准按职工月平均工资三倍的数额支付，向其支付经济补偿的年限最高不超过十二年。

本条所称月工资是指劳动者在劳动合同解除或者终止前十二个月的平均工资。

【法律建议】

工资是员工劳动所得，关系到员工的切身利益，敏感性非常强。因此，用人单位如果没有确切理由和证据，绝对不能克扣员工工资。

1. 明确工资结构。在签订劳动合同时，用人单位要向劳动者明确工资结构，基本工资是多少，绩效工资是多少。工作中，员工拿多拿少，全凭绩效考核成绩说话，这样一来，员工工资的降低，便不会出现"克扣"争议。

2. 收集充分证据。假如员工严重违法了用人单位的规章制度，且规章制度中有明确的"严重违纪可降低工资等级"的详细条文，用人单位在掌握员工严重违纪造成重大经济损失的前提下，可在事前做好沟通的前提下降薪。

员工做了其他岗位的工作，要求补偿工资，合理吗？

有时候，处于某一岗位的员工，可能因为某些原因，会或多或少地从事另一个岗位的工作。在这种情况下，员工要求按照另一个岗位的薪酬标准发放工资，企业要如何应对呢？

【案例】

2018 年 3 月 6 日，李勤勤（化名）入职某通信企业，因为单位编制紧张，李勤勤的劳动合同只能与该通信公司的人力资源合作企业——某人力咨询服务公司签署。入职后，李勤勤从事开发辅助岗工作。

为了能获得更好的职业发展前景，李勤勤工作格外积极，除了本职工作，还会帮助开发岗位的同事做一些力所能及的工作。时间一长，部门领导认可了李勤勤的工作能力，认为其可以从事一些开发类关联工作，于是便将李勤勤的工作内容调整为以开发岗为主。

一年后，李勤勤的工作越来越繁忙，但工资却没有任何变化。她认为自己大部分工作和开发岗同事相同，但薪酬却仅仅相当于其三分之一，非常不合理。李勤勤数次找部门领导协商，却屡屡碰壁。一气之下，李勤勤向劳动仲裁委员会申请仲裁，请求裁决某通信企业补发工资差额 20 余万元，但未获劳动仲裁委员会支持。

李勤勤遂向法院提起诉讼，请求法院判决某通信企业补发工资差额

20 余万元。法院经过审理认为，某通信公司开发辅助岗和开发岗职级工资不同，李勤勤虽然从事了大部分属于开发岗的工作内容，但实际上，其岗位说明书明确显示其为"开发辅助岗"，并不符合同工同酬。最终，在法院的主持下，李勤勤和某通信公司达成和解：鉴于李勤勤确实从事了本职岗位以外的工作内容，公司同意补偿 5 万元。

【分析】

某通信公司在和李勤勤的劳动争议和诉讼中，为什么能够处于主动地位呢？主要原因有二：

第一，未更变李勤勤工作岗位。某通信公司虽然安排李勤勤从事了一部分开发岗工作，但并未变更劳动合同，也未变更其工作岗位。在不同的工作岗位，很难主张"同工同酬"。

第二，李勤勤未能充分举证。想要确定同工同酬，必须同时满足三个条件：工作岗位和工作内容相同；付出了和同岗位人员同样的劳动量；工作业绩或产出相同。李勤勤在举证时，很难证明自己在某通信公司工作期间，同时满足了这些条件，因此，其主张很难得到法院的全部支持。

【法律法规】

《劳动法》第四十六条：

工资分配应当遵循按劳分配原则，实行同工同酬。

《劳动合同法》第六十三条：

被派遣劳动者享有与用工单位的劳动者同工同酬的权利。用工单位无同类岗位劳动者的，参照用工单位所在地相同或者相近岗位劳动者的劳动报酬确定。

【法律建议】

如何避免劳动者以做了其他岗位的工作为由，要求"同工同酬"呢？

1.以岗定薪。用人单位要建立以岗定薪制度，为每个岗位编订岗位说明书，明确该岗位工作内容、职级、薪酬等，真正做到在什么岗位做什么工作，拿什么等级的薪酬。

2.变更劳动合同。假如因为工作需求，确实要变更劳动者工作岗位的，用人单位要在和劳动者协商一致的基础上，变更劳动合同，就岗位、薪酬等重新作出约定。

资金暂时周转困难，用实物替代工资，符合劳动法吗？

市场如大海，前一天风平浪静，后一天便可能风云变幻，因此，企业因为市场变化或者一些不可控的因素，会出现经营不善的情况，导致资金暂时周转困难。这时，企业可以用实物替代工资吗？

【案例】

2020 年，某以国外为主要市场的制鞋厂，因为新冠疫情订单急剧减少，造成资金周转困难，当月无法按时向员工支付工资。制鞋厂老板急得如热锅上的蚂蚁，在办公室内走来走去。后来，老板想出一条"妙计"，仓库中各种类型的鞋应有尽有，而且因为质量过硬、设计新颖，此前在欧美市场大受欢迎，将这些鞋按照出厂价格，换算后发给员工，不就可以冲抵工资了吗？

正巧，赵某某前来索要工资，老板便将其当月工资折算成了 30 双出厂价为 200 元的皮鞋，为其开了一张提货条，让赵某某去公司仓库提货。赵某某无法，只得将皮鞋拿到市场上销售，但是因为鞋价较高，没有人识货，一双也未能卖出去。2020 年 6 月 16 日，赵某某和工厂其他员工带着鞋到当地劳动监察大队，投诉某制鞋厂以鞋冲抵当月工资。

当地劳动监察大队经过调查后作出决定：某制鞋厂将发放给员工的产品全部收回，按照应发工资数向员工发放货币工资。劳动监察大队也向制鞋厂老板提出了建议：假如按时发放工资确实存在困难，可以在向员工说明情况并与工会或员工代表协商一致的基础上，适当延期支付。

【分析】

某制鞋厂老板想要以实物替代工资，这种行为为什么行不通呢？

第一，"实物替代"违法。根据《工资支付暂行规定》相关条文规定，用人单位发放给劳动者的工资应当以法定货币支付，不得以实物以及有价证券替代货币支付。也就是说，用人单位以法定货币向劳动者发放工资属于强制性条款，是不能碰触的红线。某制鞋厂在经营遇到困难时，应尽量筹措资金足额发放员工工资，确实困难的，可以在和员工充分协商达成一致的基础上，延期或部分发放。

第二，"实物替代"本质上是用人单位将危机转嫁到劳动者身上。用人单位用实物替代工资，表面上看，劳动者并不吃亏，但实际上却是用人单位将自身的经营危机转嫁给了劳动者。因为，用人单位采用实物替代工资，完美地解决了工资发放问题，但是这些实物对员工而言，却没有多大的实际用处，很难变现成法定货币。

【法律法规】

《劳动法》第五十条：

工资应当以货币形式按月支付给劳动者本人。不得克扣或者无故拖欠劳动者的工资。

《工资支付暂行规定》第五条：

工资应当以法定货币支付。不得以实物及有价证券替代货币支付。

《工资支付暂行规定》第十二条：

非因劳动者原因造成单位停工、停产在一个工资支付周期内的，用人单位应按劳动合同规定的标准支付劳动者工资。超过一个工资支付周期的，若劳动者提供了正常劳动，则支付给劳动者的劳动报酬不得低于当地的最低工资标准；若劳动者没有提供正常劳动，应按国家有关规定办理。

【法律建议】

我国法律法规对用人单位支付工资的形式是十分明确而肯定的，没有任何例外条件。因此，用人单位在支付工资时，要使用法定货币，采用实物替代是绝对不允许的。

1. 预留能够发放若干月份员工工资的资金。为了避免资金周转出现问题而发不出工资的情况，用人单位可以未雨绸缪，根据自身实力，提前预留出能够发放若干月员工工资的资金。这样一来，用人单位不管遇到什么情况，都能按时发放员工工资。

2. 在和员工协商达成一致基础上，延迟发放工资。假如用人单位确实遇到了短时间解决不了的问题，资金周转上出现了比较严重的问题，可以开诚布公地将困难告诉员工，和员工进行协商，在员工同意并通知工会的基础上，延迟发放工资。

员工技能提升培训后立即辞职，企业要求其赔偿，是否合理？

对很多企业而言，培训是提升员工技能水平的最佳途径，而员工技能等级提升了，工作效率自然也会提升，企业的整体竞争能力也会水涨船高。但是，让一些企业头疼的是，有部分员工技能提升培训刚刚完成便辞职，这时，花费了大量人力物力的企业要求其赔偿，是否合理呢？

【案例】

2019 年 9 月 1 日，某金融投资公司安排王某到英国进修，学习欧洲国家金融管理方面的最新理念和技能，培训期至 2020 年 12 月 22 日止。双方约定，培训费用 30000 元由某金融投资公司支付，同时，王某在英国培训期间，其基本工资、绩效工资、津补贴和单位的社会保险费、公积金等照常发放和缴纳，合计 27 万余元。

让某金融投资公司始料未及的是，王某结束英国培训回国后，于 2020 年 12 月 25 日，以个人原因向公司递交了辞职信。公司多次挽留，但王某去意已决，最终公司同意其辞职，但要求王某赔偿违约金 30 万元。王某和某金融投资公司于 2020 年 12 月 27 日解除劳动合同，但对是否支付违约金产生分歧，争执不休。

某金融投资公司遂向劳动仲裁委员会申请仲裁，劳动仲裁委员会裁决王某向某金融投资公司支付培训费 30000 元，驳回了公司的其他仲裁申请。某金融投资公司不服，遂起诉至法院。

法院经过审理认为，某金融投资公司和王某签订了劳动合同，双方约定了服务期限以及违约责任，王某在培训结束后立即辞职，违反了该合同约定，因此，某金融投资公司要求王某承担违约责任，应予以支持。某金融公司要求王某返还培训费、基本工资、绩效工资、社会保险费、公积金、津补贴等共计30万元，但法院仅支持返还培训费、绩效工资和津补贴。最终法院判决王某向某金融投资公司退还为其支付的培训费、绩效工资、津补贴，三项合计共18万元。

【分析】

王某培训完成后立即辞职，某金融投资公司要求其支付30万元违约金，双方产生劳动争议，主要争论点有二：

第一，培训期间，某金融投资公司发放的工资，缴纳的社会保险费和公积金，需要退还吗？根据《劳动合同法实施条例》和《劳动合同法》规定，培训费用包括用人单位为了对劳动者进行专业技术培训而支付的有凭证的培训费用、培训期间的差旅费用以及因培训而产生的用于该劳动者的其他直接费用。而工资、社会保险费和公积金，则是基于法律强制规定以及双方劳动合同的约定而产生的，是公司应该依法履行的义务，不应作为培训支付在合同中约定。因此，某金融公司主张违约金包括工资、社会保险费和公积金的请求，法院最终并没有支持。

第二，某金融投资公司在王某培训期间向其发放的绩效奖和津补贴，王某需要退还吗？王某在培训期间，并未向某金融公司提供劳动义务，因此需要将绩效奖和津补贴退还某金融投资公司。

【法律法规】

《劳动合同法实施条例》第十六条：

劳动合同法第二十二条第二款规定的培训费用，包括用人单位为了对劳动者进行专业技术培训而支付的有凭证的培训费用、培训期间的差旅费用以及因培训产生的用于该劳动者的其他直接费用。

《劳动合同法》第二十二条：

用人单位为劳动者提供专项培训费用，对其进行专业技术培训的，可以与该劳动者订立协议，约定服务期。

劳动者违反服务期约定的，应当按照约定向用人单位支付违约金。违约金的数额不得超过用人单位提供的培训费用。用人单位要求劳动者支付的违约金不得超过服务期尚未履行部分所应分摊的培训费用。

用人单位与劳动者约定服务期的，不影响按照正常的工资调整机制提高劳动者在服务期期间的劳动报酬。

【法律建议】

企业培训员工，如何防止人财两空呢？

1.慎重选择培训对象。对企业而言，培训对象通常可以分为三类：新员工、有潜力的员工以及骨干员工。培训标准是什么、选择谁，需要有一套明确的标准，避免培训对象选择太随意。

2.签订协议，约定服务期。培训前，企业可以和被培训员工签订协议，约定服务期以及具体的违约成本。这样一来，有了服务期的限制，员工如果违反协议，便必须支付数额较大的违约金。

3.培训后给予员工及时回报。培训并非企业单方面的付出，员工也付出了大量的时间和精力。假如培训后，企业未能及时回报员工的话，员工便会认为自己不受重视，继而萌生跳槽的想法。因此，员工培训结束后，企业可以通过提供更具挑战性的工作或提高其薪酬的方式，增强员工的被认同感。

为降低用工成本，公司定额约定加班工资，可行吗？

企业用工时，除了要支付工作时间内的薪酬，如工作时间外需要员工加班的，还需要支付额外的加班费用。有些企业为了降低用工成本，定额约定加班工资，这种做法真的可行吗？

【案例】

2018 年 3 月 29 日，段某和某软件研发公司签订劳动合同，担任研发工程师，期限自 2018 年 3 月 29 日至 2021 年 3 月 28 日，试用期三个月，试用期工资每月 12000 元，转正后每月工资 15000 元。

试用期结束后，段某顺利转正。由于公司业务量逐渐增加，公司经常安排段某加班。按照某软件研发公司颁布的《加班管理规定》，员工加班费用，按照每小时补贴 15 元的标准计算。

2020 年 8 月 12 日，某软件研发公司以段某"不服从公司工作安排，屡犯规章制度，经警告仍未端正工作态度"为由，给予段某开除处分。2020 年 8 月 20 日，段某向劳动仲裁委员会申请仲裁，要求裁决某软件研发公司支付加班工资 104474.40 元，但未获劳动仲裁委员会支持。

段某遂向法院提起诉讼，请求判决某软件研发公司支付加班工资 104474.40 元。法院经过审理认为，某软件研发公司应按照《劳动法》第四十四条规定支付加班工资，其制定的按照每小时 15 元计算加班费的规定不符合相关法律规定。

最终，法院判决某软件研发工资支付段某加班费差额 15926.72 元。

【分析】

某软件研发公司为什么会在诉讼中输给员工段某呢？

第一，加班工资标准未和员工协商。某软件研发公司在制定加班工资标准时，未能和员工进行充分协商，并未和员工就具体的标准达成一致。这样一来，某研发公司加班工资标准制定程序便缺乏合理性。

第二，定额加班工资标准。某软件研发公司将加班工资定额，不管工作时间、工作内容和工作难度如何，每小时都按照 15 元的标准发放，和《劳动法》相关条文相抵触，自然不会获得法院的支持。

【法律法规】

《劳动法》第四十四条：

有下列情形之一的，用人单位应当按照下列标准支付高于劳动者正常工作时间的工资报酬：

（一）安排劳动者延长工作时间的，支付不低于工资的百分之一百五十的工资报酬；

（二）休息日安排劳动者工作又不能安排补休的，支付不低于工资的百分之二百的工资报酬；

（三）法定休假日安排劳动者工作的，支付不低于工资的百分之三百的工资报酬。

【法律建议】

用人单位安排劳动者加班，应当按照《劳动法》第四十四条规定，足额支付加班工资。

员工未休年假，离职后讨要经济补偿，企业该给吗？

有些企业工作强度较高，员工休假时间比较少，员工离职后，会发生讨要年假经济补偿的事情。这时，企业应当怎么处理呢？给还是不给呢？

【案例】

2018 年 10 月 10 日，门某入职上海某网络科技有限公司，担任高级架构师，月工资包括基本工资 5000 元、绩效工资 31000 元，劳动合同期限为 2018 年 10 月 10 日至 2021 年 10 月 9 日。

2021 年 4 月 1 日，某网络科技有限公司将门某的劳动关系转移到某健康产业发展有限公司。门某认为某网络科技有限公司事前未和自己协商，遂向劳动仲裁委员会申请仲裁，申请裁定某网络科技有限公司支付违法解除劳动合同赔偿金 180000 元，支付 2018 年 10 月 10 日至 2021 年 3 月 31 日未休年假工资 124137.93 元。

经过调查，劳动仲裁委员会作出裁决：某网络科技有限公司支付门某 2019 年未休年假工资 459.77 元、2020 年未休年假工资 2298.85 元以及 2021 年 1 月至 3 月期间未休年假工资 459.77 元；驳回门某的其他仲裁请求。

门某对仲裁决定提出异议，认为年假休假时间、工资金额的认定不符合《职工带薪年休假条例》，遂向法院提起诉讼，请求法院判令某网络科技有限公司支付其从 2018 年入职到 2021 年期间未休年假工资共计 62068 元。

法院经过审理认为，门某主张的 2018 年未休年假工资已超过诉讼时效，但 2019、2020 和 2021 年三年中的未休年假应予补偿。法院判决某网络科技有限公司支付门某 2019 年未休年假工资 16551.72 元、2020 年未休年假工资 16551.72 元以及 2021 年 1 月至 3 月期间未休年假工资 3310.34 元。

【分析】

按照《职工带薪年休假条例》《企业职工带薪年假休假实施办法》的相关规定，劳动者连续工作 1 年以上的，即可以享受带薪休年假。某网络科技有限公司在和门某的劳动争议和诉讼中，之所以处于不利地位，主要是因为犯了两个错误：

1. 未在劳动合同中约定年假相关条文。劳动合同是劳动者与用人单位之间确立劳动关系，明确双方权利和义务的协议，约定越详细，表述越具体，对双方便越有约束力。某网络科技有限公司在和门某签订劳动合同时，未能就是否休年假进行详细约定，为之后出现劳动争议埋下了隐患。

2. 未能在转移门某劳动合同前与其协商一致。某网络科技有限公司将门某的劳动关系转移至另外一家公司之前却未与其协商一致，以至于激发了门某的怒火，引发了劳动争议和诉讼。假如某网络科技有限公司在转移门某劳动关系前与其进行充分协商，给予其满意条件，之后的劳动争议和诉讼则可能不会出现。

【法律法规】

《职工带薪年休假条例》第二条：

机关、团体、企业、事业单位、民办非企业单位、有雇工的个体工商户等单位的职工连续工作1年以上的，享受带薪年休假（以下简称年休假）。单位应当保证职工享受年休假。职工在年休假期间享受与正常工作期间相同的工资收入。

《职工带薪年休假条例》第五条：

单位根据生产、工作的具体情况，并考虑职工本人意愿，统筹安排职工年休假。

年休假在1个年度内可以集中安排，也可以分段安排，一般不跨年度安排。单位因生产、工作特点确有必要跨年度安排职工年休假的，可以跨1个年度安排。

单位确因工作需要不能安排职工休年休假的，经职工本人同意，可以不安排职工休年休假。对职工应休未休的年休假天数，单位应当按照该职工日工资收入的300%支付年休假工资报酬。

《职工带薪年休假条例》第七条：

单位不安排职工休年休假又不依照本条例规定给予年休假工资报酬的，由县级以上地方人民政府人事部门或者劳动保障部门依据职权责令限期改正；对逾期不改正的，除责令该单位支付年休假工资报酬外，单位还应当按照年休假工资报酬的数额向职工加付赔偿金；对拒不支付年休假工资报酬、赔偿金的，属于公务员和参照公务员法管理的人员所在单位的，对直接负责的主管人员以及其他直接责任人员依法给予处分；属于其他单位的，由劳动保障部门、人事部门或者职工申请人民法院强制执行。

【法律建议】

按照《职工带薪年休假条例》第三条规定：职工累计工作已满1年不满10年的，年休假5天；已满10年不满20年的，年休假10天；已满20年的，年休假15天。

可见，劳动者年休假，是法律赋予的权利，用人单位应避免碰触红线。

1.主动安排骨干员工带薪年休假。用人单位应当主动安排骨干员工带薪年休假。这种行为表面看增加了用人成本，实际上则是一种有效的激励方法——员工会真切地感受到用人单位的人文关怀和尊重，会在情感上更加认同用人单位，在行动上更加积极地工作，回报用人单位。

2.劳动者因本人原因提出不休年假的，要书面确认并要求员工签字。当用人单位安排劳动者休年假但劳动者因个人原因提出不休的，用人单位应当要求劳动者书面确认并签字。这种情况，用人单位只需要支付劳动者正常出勤期间的工资，并不需要另外支付未休年假的补偿。对于劳动者应休而未休的年假期天数，用人单位应当按照劳动者日工资收入的3倍支付报酬，其中包含用人单位支付给劳动者正常工作期间的工资收入。

员工中途离职，年底想要年终奖，可以不给吗？

有些员工在年终奖发放之前离职，年底时却向企业索要年终奖，企业应该给吗？给的话，感觉吃亏，不给的话，可能会出现劳动争议甚至诉讼，这时，依法行事便显得异常重要了！

【案例】

2011 年，董某某入职某人寿保险有限公司，担任战略部高级经理一职。双方签订的最后一份劳动合同，期限为 2015 年 7 月 1 日到 2017 年 6 月 30 日。

2017 年 10 月，某人寿保险公司内部进行了组织结构调整，董某某所在的战略部被撤销。董某某和某人寿保险公司就变更劳动合同等问题进行磋商，长时间无法达成共识。2017 年，某人寿保险公司以"公司组织结构发生重大变化，双方未能就变更劳动合同达成一致"为由，向董某某下达了《解除劳动合同通知书》。董某某对某人寿保险公司解除和自己的劳动合同不服，遂向当地法院提起诉讼，要求法院判决某人寿保险公司支付 2017 年 8 月至 12 月未签订劳动合同的二倍工资差额以及 2017 年年度奖金。

法院经过审理认为，某人寿保险公司对其内部组织构架进行调整，和董某某未能就其劳动合同变更协商一致，导致劳动合同解除，董某某在某人寿保险公司一直工作到 2017 年 12 月 1 日。虽然某人寿保险公司《员工手册》中规定：年终奖金根据公司政策，按照公司业绩、员工表现计算发放，前提是该员工在当年 10 月 1 日前已入职。假如员工在奖金发放月或者之前离职，则不能享有。但根据《工资组成总额的规定》《劳动合同法实施条例》《劳动合同法》规定，劳动者每月的薪酬计算，包括计时工资或者计件工资以及奖金等收入，显然，年终奖也是奖金中的一种。且某人寿保险公司并不能出示董某某在 2017 年度工作业绩、表现等方面存在违规违纪行为，因此，法院最终判决某人寿保险公司向董某某支付 2017 年 8 月至 12 月未签订劳动合同的二倍工资差额以及 2017 年年度奖金共计 138600 元。

【分析】

员工中途离职，年终索要年终奖，企业应不应该给？这个问题争论的焦点主要有两个：

第一，年终奖是否属于员工应得的劳动报酬？假如单位拒绝发放，是否构成克扣工资的违法行为？不管是在合同中约定还是在规章制度中规定，员工在年终奖发放月之前离职，便不向其发放奖金显然是不可行的。因为根据《关于工资总额组成的规定》《劳动合同法实施条例》《劳动合同法》的规定精神，劳动者每月的工资包括计时工资或者计件工资以及奖金收入。显然，年终奖也属于奖金中的一种，因此员工中途离职，只要工作期间考核合格，没有任何违纪行为，还是可以按照比例获得年终奖的。

第二，用人单位规章制度中规定"年终奖发放当天或之前离职无权享有当年年终奖"是否有效？用人单位之所以设立年终奖，目的在于肯定员工工作业绩，激励员工更积极工作。用人单位在规章制度中设立"年终奖发放当天或之前离职无权享有当年年终奖"条款，本质上属于免除自身法定责任、排除劳动者权利的行为，一旦发生劳动争议，法院有很大可能会将其认定为"无效条款"，对用人单位的主张不予支持。

【法律法规】

《工资总额组成的规定》第四条：

工资总额由下列六个部分组成：

（一）计时工资；

（二）计件工资；

（三）奖金；

（四）津贴和补贴；

（五）加班加点工资；

（六）特殊情况下支付的工资。

【法律建议】

为了避免因年终奖发放与否引发劳动争议，用人单位需要做好两点：

1. 根据实际情况合理设定年终奖。年终奖的设立目的，是用人单位对员工过去一年工作业绩的奖励。假如，用人单位设置了其他激励员工的制度和奖项，便不需要再设置年终奖。假如用人单位效益较好，为了更大限度地挖掘员工的工作效能，则可设置高额年终奖，并建立年终奖发放制度，严格按照制度形式，而不是随意变动或者打折。

2. 在劳动合同或者规章制度中作出明确的约定和规定。签订劳动合同时，用人单位和劳动者就年终奖的发放标准和发放形式等要作出明确约定。另外，用人单位还可以在规章制度中明确年终奖属于特殊福利，是否发放以及发放额度需要考虑公司当年的效益以及员工个人表现，不纳入员工工资范围，并规定在年终奖发放前员工离职的话，不得享受上一年年终奖，那么用人单位不支付离职员工年终奖，还是有很大概率得到司法支持的。

3. 和离职员工签订放弃年终奖协议。在员工离职时，为了防止之后因年终奖发放问题引发争议甚至诉讼，在平等协商基础上，用人单位可以和离职员工签订自愿放弃年终奖协议。

第七章

用好社会保险，
消除后顾之忧

很多企业将为员工缴纳社会保险费视为最大的用工成本之一，想方设法规避这一责任。这种做法其实是非常短视的，逃避缴纳社会保险费责任，不仅会让企业面临较大的法律风险，还会使其在突发事故时，承担巨大的赔偿责任。

和员工签订"非全日制用工协议"，就能避免缴纳社会保险费，是真的吗？

为员工缴纳社会保险费，对很多用人单位而言是个不小的负担。为了降低用工成本，有些用人单位便通过和员工签订"非全日制用工协议"的方式，"免除"为员工缴纳社会保险费的责任，这可行吗？

【案例】

2016年1月，某市一家中医院和曾女士签订了一份《非全日制用工协议》，约定曾女士为医院的非全日工，负责医院衣服、床单的清洗和发放工作，由中医院按月向曾女士发放工资，但不负责缴纳五险一金。曾女士虽然对此提出异议，但为了获得这份工作，最终在《非全日制用工协议》上签字。

《非全日制用工协议》签订后，曾女士一直在该中医院工作至2020年8月，其间，曾女士每月工资都按时由某市中医院发放，另外，节假日期间，该中医院还向曾女士发放过几次福利。

2020年8月6日，曾女士向某市社会保险事务中心投诉，称"某中医院未能在其入职后为其缴纳社会保险费"。某市社会保险事务中心作出社会保险稽核决定，要求某市中医院在十五个工作日内为曾女士申报补缴社会保险费。某市中医院对社会保险事务中心稽核决定不服，申请行政复议。某市人社局在调查后，作出行政复议决定，维持了社会保险事务中心的稽核决定。

　　某市中医院不服，将某市社会保险事务中心和人社局诉至法院，要求法院撤销社会保险事务中心的稽核决定和人社局的行政复议决定。法院经过审理认为，根据《劳动合同法》，以小时计算薪酬为主，且在同一用人单位每天平均工作时间不超过四小时，每周累计工作不超过二十四小时的用工形式为"非全日制用工"。某市中医院和曾女士约定以月为单位发放工资，且从2016年到2020年期间，某中医院数次上调曾女士工资标准，曾女士还享受该中医院发放的节假日福利，不符合"以小时计酬"的规定。另外，《劳动合同法》规定非全日制用工劳动报酬结算周期最长不得超过十五日，而中医院以月为单位向曾女士发放工资，显然也不符合此规定。

　　最终，法院依法判定驳回原告某市中医院的诉讼请求。

【分析】

　　某市中医院想要通过与劳动者签订"非全日制用工协议"的方式，规避自身缴纳社会保险费的义务，但在实际操作中，却犯了两个错误：

　　第一，对"非全日制用工"理解不到位。所谓"非全日制用工"，主要有两个特点：其一，劳动者在用人单位的工作时间通常不超过四个小时且以小时计算其薪酬；其二，劳动者薪酬的最长结算周期不超过十五日。某市中医院虽然对曾女士的上下班时间没有作严格规定，但在《非全日制用工协议》中却规定"应严格按照规定按时上下班"，曾女士实际工作时间已经远超四小时，且以月为单位向曾女士发放薪酬，已经超出"非全日制用工"范畴。

　　第二，非全日制用工也需要为劳动者缴纳社会保险费。非全日制用工，用人单位也应当为劳动者缴纳社会保险费，尤其是工伤保险费，预防万一发生安全事故，用人单位独自承担巨额经济赔偿。某市中医院一项社会保险都不为曾女士购买，不仅降低了曾女士的劳动积极性，还增加了自身用工的安全风险和潜在成本。

【法律法规】

《劳动合同法》第六十八条：

非全日制用工，是指以小时计酬为主，劳动者在同一用人单位一般平均每日工作时间不超过四小时，每周工作时间累计不超过二十四小时的用工形式。

《劳动合同法》第七十二条：

非全日制用工小时计酬标准不得低于用人单位所在地人民政府规定的最低小时工资标准。非全日制用工劳动报酬结算支付周期最长不得超过十五日。

《社会保险法》第三十三条：

职工应当参加工伤保险，由用人单位缴纳工伤保险费，职工不缴纳工伤保险费。

《社会保险法》第三十五条：

用人单位应当按照本单位职工工资总额，根据社会保险经办机构确定的费率缴纳工伤保险费。

【法律建议】

用人单位如何在用好"非全日制用工"的同时，避免碰触劳动法相关红线呢？

1. 严格按照"非全日制用工"规范用工。使用非全日制用工，为了避免形成实质性的全日制用工关系，用人单位需要严格遵守两个要点：

一是聘用的劳动者每天工作时间不要超过四小时。用人单位聘用非全日制用工劳动者，每人每天的工作时间不应超过四小时。如果工作量比较大，单人四小时内做不完，用人单位可以多聘请几人。

二是聘用劳动者的薪酬结算支付周期最长不能超过十五天。在约定薪酬结算支付周期时，用人单位可以每天为劳动者结算支付一次，可以隔一天结算一次，但最长结算支付周期不应超过十五天。

2. 为非全日制用工劳动者购买工伤保险和生育保险。出于降低用工安全风险的考虑，用人单位应该为非全日制用工劳动者缴纳工伤保险费，以避免发生安全事故时，自身承担巨额经济赔偿。另外，用人单位应当为长期工作的未婚未育女性劳动者缴纳生育保险费，彰显人文关怀。

试用期不缴纳社会保险费，转正后再说，这样可以吗？

有些企业为了节约用人成本，不给试用期员工缴纳社会保险费，和员工约定转正后再缴纳，这种做法可行吗？

【案例】

2019 年 9 月 1 日，海某某通过北京某科技公司面试，从事技术岗位工作。某科技公司认为海某某的技术岗位，对员工的专业技术能力要求很高，必须经过试用才能判断其是否符合公司要求。假如不符合的话，公司会立即解除和海某某之间的劳动关系。因此，在试用期为海某某缴纳社会保险费显得"非常不合算"，假如其试用不合格，公司岂不是人财两空？

因此，某科技公司便没有为海某某缴纳社会保险费。2019 年 12 月，海某某因为身体不适就医，发现自己的医保卡不能正常使用，于是到某科技公司人力资源部门询问。没想到公司人力资源部经理将一份有海某某签字的《员工手册》放到其面前，指着其中一条向海某某解释道："根据公司《员工手册》，由于试用期内员工和公司之间的劳动关系尚不稳定，因此公司不会为试用期员工缴纳社会保险费，待员工转正后，才会正式缴纳。"海某某表示自大学毕业后便缴纳社会保险费，如果发生断缴情况，将会影响到自己在北京的购房购车资格。

协商不成，海某某以某科技公司没有为自己缴纳社会保险费为由，向某科技公司递交了《解除劳动合同通知书》。随后，海某某向劳动仲裁委员会申请仲裁，请求裁定某科技公司向其支付解除劳动合同的经济补偿，并补缴社会保险费。

劳动仲裁委员会受理后，认为为劳动者缴纳社会保险费是用人单位的法定义务。《劳动合同法》和《社会保险法》规定，试用期包含在劳动合同期限内，用人单位应当自用工之日起三十天内，为员工向社会保险经办机构申请办理社会保险登记。显然，某科技公司《员工手册》中的条款和我国法律法规相悖，属于无效条款。

最终，劳动仲裁委员会对海某某以某科技公司未缴纳社会保险费为由提出解除劳动合同并要求某科技公司向其支付经济补偿、补缴社会保险费用，予以支持。

【分析】

某科技公司之所以不为试用期员工缴纳社会保险费，主要存在两方面的误区：

第一，试用期不包含在劳动合同期限内。某科技公司之所以不为试用期员工海某某缴纳社会保险费，一个主要原因在于其认为试用期不包含在劳动合同期限内，要是为其缴纳社会保险费的话，假如海某某最后不符合录用条件，公司便会人财两空。其实，按照《劳动合同法》的规定，试用期是包含在劳动合同期限内的，因此，某科技公司需要为试用期员工海某某缴纳社会保险费。

第二，为试用期员工缴纳社会保险费增加公司运营成本。虽然从表面上看，为试用期员工缴纳社会保险费会在一定程度上增加某科技公司的运营成本，但从增加公司美誉度、用工吸引力以及预防安全事故等方面看，为试用期员工缴纳社会保险费，其实并不"亏本"。

《劳动合同法》第十九条：

劳动合同期限三个月以上不满一年的，试用期不得超过一个月；劳动合同期限一年以上不满三年的，试用期不得超过二个月；三年以上固定期限和无固定期限的劳动合同，试用期不得超过六个月。

同一用人单位与同一劳动者只能约定一次试用期。

以完成一定工作任务为期限的劳动合同或者劳动合同期限不满三个月的，不得约定试用期。

试用期包含在劳动合同期限内。劳动合同仅约定试用期的，试用期不成立，该期限为劳动合同期限。

《劳动合同法》第三十八条第三款：

用人单位有下列情形之一的，劳动者可以解除劳动合同：

……

（三）未依法为劳动者缴纳社会保险费的；

……

《劳动合同法》第四十六条第一款：

有下列情形之一的，用人单位应当向劳动者支付经济补偿：

（一）劳动者依照本法第三十八条规定解除劳动合同的；

……

《社会保险法》第五十八条：

用人单位应当自用工之日起三十日内为其职工向社会保险经办机构申请办理社会保险登记。未办理社会保险登记的，由社会保险经办机构核定其应当缴纳的社会保险费。

自愿参加社会保险的无雇工的个体工商户、未在用人单位参加社会保险的非全日制从业人员以及其他灵活就业人员，应当向社会保险经办机构申请办理社会保险登记。

国家建立全国统一的个人社会保障号码。个人社会保障号码为公民身份号码。

【法律建议】

对试用期员工的社会保险问题，企业需要慎重对待，和正式员工一样正常缴纳社会保险费。假如对试用期员工区别对待，不为其缴纳社会保险费，可能引发员工以此为理由解除劳动合同并要求企业支付数额较大赔偿金，并补缴社会保险费。

1.为试用期员工缴纳社会保险费。企业和员工签订合同后，不管约定的试用期多长，都需要为其缴纳社会保险费。社会保险是国家为保障劳动者而实行的强制性保险，劳动关系一旦建立，用人单位就必须为员工办理社会保险登记。因此，员工在试用期也有权享受各项社会保险。

2.全额缴纳五险一金。企业不能因为员工处于试用期，在缴纳社会保险费时打折扣，只为其缴纳养老保险费或者医疗保险费。在这种情况下，试用期员工是可以解除劳动合同并要求企业支付赔偿金以及补缴所有社会保险费的。

社会保险费缴纳太麻烦，折费给员工，合法吗？

为员工缴纳社会保险费，企业不仅需要指派专人办理，还要准备各种资料，费工费时。因此，有些企业老板为了省事，将应该由企业承担的部分社会保险费，以现金补贴的方式发放给员工。这种做法可行吗？合法吗？

【案例】

2018年3月11日，谢先生通过浙江宁波某房地产开发公司的面试，顺利入职该公司，担任项目部经理一职。谢先生和某房地产开发公司签订了三年劳动合同，自2018年3月11日起，至2021年3月10日止。

在签订劳动合同前，某房地产公司人力资源部经理告知谢先生，公司业务繁忙，没有专门的社会保险经办人员，因此不能为其缴纳社会保险费，但某房地产公司每个月会将公司应当承担的社会保险费和工资一起发放到谢先生手中，假如谢先生有意愿，可以自己到社会保险部门缴费。考虑到工作来之不易，谢先生虽然对这种社会保险折费有所疑虑，但最终还是在劳动合同上签了字。

2020年3月，谢先生以某房地产开发公司一直没有为其缴纳社会保险费为由，向当地劳动仲裁委员会申请仲裁，要求某房地产开发公司为其补缴两年的各项社会保险费。当地劳动仲裁委员会经过调查后，支持了谢先生的申请，裁决某房地产开发公司需为谢先生补缴两年社会保险费。某房地产开发公司不服，诉讼至法院，认为自身已经将应当缴纳的社会保险部分以现金方式补贴给了谢先生，实际上等同于已经为其缴纳各项社会保险费，请求法院撤销劳动仲裁委员会的裁决。

法院经过审理认为，为劳动者缴纳社会保险费，是用人单位的法定义务。用人单位不得以"已向劳动者发放社会保险费补贴"为理由，主张免除该法定义务。因此，虽然某房地产开发公司已经向谢先生发放了社会保险费补贴，但谢先生主张某房地产开发公司为其补缴社会保险费，某房地产开发公司仍应为其进行补缴。

最终，法院判决：某房地产开发公司为谢先生补缴社会保险费，具体补缴金额由经办机构核准，谢先生承担自缴部分。

【分析】

某房地产开发公司在和谢先生的劳动纠纷中，为何赔了夫人又折兵呢？

第一，主动提出以社会保险费补贴形式代替社会保险费。主动提出和被动提出的法律责任划分是不同的，当企业主动提出以社会保险费补贴代替员工社会保险费时，应承担百分之百的法律责任；假如由员工主动提出，出现劳动纠纷后，企业承担的法律责任会适度降低，员工也需要承担一定的责任。某房地产开发公司主动提出以社会保险费补贴代替社会保险费，谢先生被迫签字，出现劳动纠纷被起诉后，公司自然要承担所有法律责任。

第二，未在劳动合同中明确"若今后要求补缴社会保险费，谢先生需全额退还已发放的社会保险费补贴"。在签订劳动合同时，用人单位应当为今后可能出现的对自己不利的情况设置兜底条款。某房地产开发公司在和谢先生签订劳动合同时，显然忽视了这一点，为今后的劳动纠纷埋下了祸根。

《劳动合同法》第七条：

用人单位自用工之日起即与劳动者建立劳动关系。用人单位应当建立职工名册备查。

《劳动法》第七十二条：

社会保险基金按照保险类型确定资金来源，逐步实行社会统筹。用人单位和劳动者必须依法参加社会保险，缴纳社会保险费。

《社会保险法》第五十八条：

用人单位应当自用工之日起三十日内为其职工向社会保险经办机构申请办理社会保险登记。未办理社会保险登记的，由社会保险经办机构核定其应当缴纳的社会保险费。

自愿参加社会保险的无雇工的个体工商户、未在用人单位参加社会保险的非全日制从业人员以及其他灵活就业人员，应当向社会保险经办机构申请办理社会保险登记。

国家建立全国统一的个人社会保障号码。个人社会保障号码为公民身份证号码。

【法律建议】

为员工缴纳社会保险费，是用人单位的法定义务，也是用工红线。因此，在用工时，用人单位应当做好两点：

1. 自用工之日起三十日内为员工缴纳社会保险费。新员工入职后，用人单位应当在三十日内为其缴纳社会保险费，避免违反《劳动合同法》第三十八条第三款，使得员工主动解除劳动合同，并要求用人单位在补缴社会保险费的同时，支付二倍经济赔偿。

2. 为小时工缴纳工伤保险费。虽然现阶段，用人单位可以不为小时工缴纳社会保险费，但为了预防安全事故出现后的巨额医疗费和赔偿金，用人单位需要未雨绸缪，为小时工缴纳工伤保险费，最大限度降低自身的用工风险。

不全部覆盖，只缴纳部分社会保险费，真的省钱吗？

社会保险有五种，分别是养老保险、医疗保险、生育保险、失业保险和工伤保险。有些企业出于降低用工成本的考虑，在为员工缴纳社会保险费时，只缴纳部分社会保险费，这种做法真的省钱吗？

【案例】

刘先生于 2008 年 7 月入职某钢铁公司，签订劳动合同后，某钢铁公司为其办理了养老、医疗、生育和失业保险，但并未缴纳工伤保险费。

2018 年 7 月 1 日，某钢铁公司通知刘先生，要将其从检验岗调职到生产车间，刘先生不愿意调职，和某钢铁公司协商多次，请求都被驳回。2018 年 7 月 15 日，刘先生以某钢铁公司未给其缴纳工伤保险费为由，向当地劳动仲裁委员会提出仲裁申请，要求裁决解除自己同某钢铁公司的劳动关系，某钢铁公司支付解除劳动合同经济补偿。

2018 年 8 月 24 日，当地劳动仲裁委员会裁决某钢铁公司向刘先生支付解除劳动合同的经济补偿。某钢铁公司不服，向法院提起诉讼，要求撤销劳动仲裁委员会的裁决。

法院经过审理认为，《劳动合同法》第三十八条第三款规定，用人单位未依法为劳动者缴纳社会保险费的，劳动者可以解除劳动合同并获得经济补偿。按照《劳动合同法》第四十七条第一款规定，本案中，刘先生的工作年限应当自 2008 年 7 月起计算至申请解除劳动合同时止，工作每满一年按一个月工资支付补偿金。刘先生申请解除劳动合同时前 12 个月的平均工资为 6000 元，故某钢铁公司应向刘先生支付解除劳动合同经济补偿金 10 个月 ×6000 元 =60000 元。

综上，法院判决某钢铁公司支付刘先生解除劳动合同经济补偿 60000 元。

【分析】

某钢铁公司明明为刘先生缴纳了社会保险费，为什么在和刘先生的诉讼中，还是处于下风呢？

第一，社会保险包含五大险种，某钢铁公司并未为刘先生全部办理。社会保险包括养老保险、医疗保险、生育保险、失业保险和工伤保险，根据《劳动合同法》规定，企业需要为劳动者全额缴纳，缺一不可。某钢铁公司缴纳了其中的四种，仅仅未缴纳工伤保险费，也算"没有为劳动者缴纳社会保险费"，因此劳动者有权以此为理由解除劳动合同并要求支付相应经济补偿。

第二，未意识到工伤保险的重要性。工伤保险，虽然表面上看是给劳动者购买的，但实际上，在员工遭遇安全事故时，如果有工伤保险不仅能减轻员工的经济压力，使其获得大额经济赔偿，保障今后的生活，也能大大减轻用人单位的赔付压力。某钢铁公司为刘先生缴纳了四种社会保险费，唯独不缴纳工伤保险费，是很短视的行为。

【法律法规】

《劳动法》第七十二条：

社会保险基金按照保险类型确定资金来源，逐步实行社会统筹。用人单位和劳动者必须依法参加社会保险，缴纳社会保险费。

《劳动合同法》第三十八条：

用人单位有下列情形之一的，劳动者可以解除劳动合同：

（一）未按照劳动合同约定提供劳动保护或者劳动条件的；

（二）未及时足额支付劳动报酬的；

（三）未依法为劳动者缴纳社会保险费的；

（四）用人单位的规章制度违反法律、法规的规定，损害劳动者权益的；

（五）因本法第二十六条第一款规定的情形致使劳动合同无效的；

（六）法律、行政法规规定劳动者可以解除劳动合同的其他情形。

用人单位以暴力、威胁或者非法限制人身自由的手段强迫劳动者劳动的，或者用人单位违章指挥、强令冒险作业危及劳动者人身安全的，劳动者可以立即解除劳动合同，不需事先告知用人单位。

《劳动合同法》第四十六条第一款：

有下列情形之一的，用人单位应当向劳动者支付经济补偿：

（一）劳动者依照本法第三十八条规定解除劳动合同的；

……

《劳动合同法》第四十七条：

经济补偿按劳动者在本单位工作的年限，每满一年支付一个月工资的标准向劳动者支付。六个月以上不满一年的，按一年计算；不满六个月的，向劳动者支付半个月工资的经济补偿。

劳动者月工资高于用人单位所在直辖市、设区的市级人民政府公布的本地区上年度职工月平均工资三倍的，向其支付经济补偿的标准按职工月平均工资三倍的数额支付，向其支付经济补偿的年限最高不超过十二年。

本条所称月工资是指劳动者在劳动合同解除或者终止前十二个月的平均工资。

【法律建议】

用人单位耍小聪明，只缴纳五种社会保险中的三四种甚至一两种，并非明智之举——一旦员工以"用人单位未缴纳社会保险费"为由解除劳动合同时，用人单位不仅要补缴之前没有为员工缴纳的社会保险费，还需要向员工支付较大数额解除劳动合同的经济赔偿金。

1. 为员工缴纳全部五种社会保险费。社会保险具有法律强制性，不能想当然地认为"购买其中的一两种就可以"。在和劳动者签订劳动合同后，用人单位应立即指派专人到社会保险经办机构，为劳动者办理各项社会保险登记。

2. 保留办理社会保险登记的各项票据。用人单位要妥善保存为劳动者办理社会保险登记时产生的各种票据，在今后的劳动争议中，这些票据是最具说服力的证据。

锚定所在地最低标准，为员工缴纳社会保险费，可行吗？

有些企业在为员工缴纳社会保险费时，喜欢锚定所在地的最低标准，因为这样做，公司的社会保险费支出会降低不少。这种做法看似非常"精明"，能够大大降低企业的用工成本，但出现劳动争议时，企业可能因此面临较大数额赔偿的风险。

【案例】

2018 年，大学刚刚毕业的李某进入某房地产公司工作。2020 年 3 月，李某升任该公司基建部经理，月基本工资为 3000 元。但是升职的喜悦还未褪去，李某却发现他和某房地产公司重新签订的劳动合同中，关于社会保险和福利待遇的条款中，竟然约定"养老、工伤、失业和生育保险按照区社保局规定的最低参保基础每月 1350 元投保，医疗保险按照区社保局规定的最低参保基数每月 800 元投保"。

李某递到公司人力资源部询问，才得知公司内所有员工，不管是办公室文员还是项目部经理，不论工资是 3000 元还是 6000 元，社会保险费一律都按照区社保局规定的最低参保基数缴纳。对于这种"潜规则"，李某并没有忍气吞声，而是找到公司老板，要求按照自己的实际工资缴纳各项社会保险费。公司老板以"所有员工社会保险费标准都一致"为由，拒绝为其单独"开后门"。

2020 年 4 月，李某向法院提起诉讼，要求判决自己和某房地产公司解除劳动关系，某房地产公司支付相应经济补偿。法院经过审理认为，为员工代缴各项社会保险费，是用人单位应尽的义务。某房地产公司和李某签订的合同中关于社会保险费缴纳标准的约定违反了《劳动法》和《社保征缴条例》，是无效条款，不具法律效力。某房地产公司未按照刘某实际工资为其缴纳社会保险费，属于未依法为劳动者缴纳社会保险费的情形，应当向劳动者支付经济补偿。

最终，法院判决某房地产公司支付刘某经济补偿 1.9 万元。

【分析】

某房地产公司之所以在和李某的诉讼中处处被动，最主要的原因是犯了两个错误：

第一，按照当地劳动局公布的最低参保基数为员工缴纳社会保险费。要明确的一点是，劳动者的社会保险缴费基数并非固定的，一般都是按照其上一年月平均工资（或者个人上月工资）来确定的。简单地说，就是劳动者的工资越高，其社会保险缴费基数就会越高。显然，某房地产公司的做法已经碰触了法律红线。

第二，意图用劳动合同中的条文免除自身法律责任。劳动合同中的条文，对签字双方有法律约束性，但假如里面的条文存在和法律相抵触的情况时，便毫无法律效力。某房地产公司在劳动合同中强行约定社会保险缴费基数，和《劳动合同法》《社会保险法》等法律法规相抵触，属于无效条文。

【法律法规】

《社会保险法》第六十三条：

用人单位未按时足额缴纳社会保险费的，由社会保险费征收机构责令其限期缴纳或者补足。

用人单位逾期仍未缴纳或者补足社会保险费的，社会保险费征收机构可以向银行和其他金融机构查询其存款账户；并可以申请县级以上有关行政部门作出划拨社会保险费的决定，书面通知其开户银行或者其他金融机构划拨社会保险费。用人单位账户余额少于应当缴纳的社会保险费的，社会保险费征收机构可以要求该用人单位提供担保，签订延期缴费协议。

用人单位未足额缴纳社会保险费且未提供担保的，社会保险费征收机构可以申请人民法院扣押、查封、拍卖其价值相当于应当缴纳社会保险费的财产，以拍卖所得抵缴社会保险费。

《社会保险法》第八十六条：

用人单位未按时足额缴纳社会保险费的，由社会保险费征收机构责令限期缴纳或者补足，并自欠缴之日起，按日加收万分之五的滞纳金；逾期仍不缴纳的，由有关行政部门处欠缴数额一倍以上三倍以下的罚款。

【法律建议】

用人单位未根据劳动者实际工资足额缴纳社会保险费，存在发生工伤事故给予巨额赔付、限期缴纳或补足、扣押财产等法律风险。为了避险，用人单位在为劳动者缴纳社会保险费时，应做好两点：

1. 及时、足额为员工缴纳各项社会保险费。用人单位要严格按照法律法规，在劳动者签订劳动合同后，及时向社会保险经办机构申办养老、医疗、失业、生育和工伤保险。在申办时，用人单位要根据劳动者实际报酬，分门别类、足额为其缴纳社会保险费。

2. 主动履行社会保险代办义务。根据劳动法律法规规定，劳动者的各项社会保险由用人单位代办代缴，在这个过程中，不管因为何种原因而被加收滞纳金，用人单位都不得要求劳动者承担。

暂缓期后未补缴社会保险费，员工辞职索要赔偿，合理吗？

遭遇不可预见的情况，企业经营陷入困境时，企业是可以暂缓缴纳社会保险费的。暂缓期过后，企业并没有补缴社会保险费，员工以此为由辞职，要求补缴并索要赔偿金，合理吗？

【案例】

2012 年 3 月 1 日，梁某入职某生物公司，担任研发主管一职。2018 年 4 月 1 日，梁某和某生物公司签订了无固定期限劳动合同，工资变更为每月税前 100782 元。

疫情暴发后，某生物公司经营遭遇严重困难，遂按照相关政策申请延期缴纳 2020 年 8 和 9 月的职工社会保险费。疫情缓解之后，某生物公司经营状况好转，自 2020 年 10 月开始为员工缴纳社会保险费，但未补缴 2020 年 8 月和 9 月的各项社会保险费。梁某多次和某生物公司协商，要求补缴 2020 年 8 月和 9 月的各项社会保险费，但某生物公司虽然每次都回复"马上补缴"，却未有任何实质性行动。

2022 年 4 月 22 日，梁某向某生物公司递交了一份《被迫辞职通知书》，以公司未依法缴纳社会保险费为由，提出辞职。2022 年 5 月，梁某向劳动仲裁委员会申请仲裁，要求裁决某生物公司支付解除劳动合同经济补偿。劳动仲裁委员会未支持梁某请求，其遂向法院提起诉讼。

法院经过审理认为，虽然某生物公司按照相关政策可以延缓缴纳2020年8月和9月疫情期间的社会保险费，但疫情过后，某生物公司经营状况明显改善，在梁某多次协商请求下，某生物公司仍不为其补缴2020年8月和9月的社会保险费，梁某被迫辞职，某生物公司应支付解除劳动合同补偿金。

最终，法院判决某生物公司支付梁某经济补偿90509.64元。

【分析】

某生物公司和梁某之间的社会保险费纠纷，为什么最终演变成梁某辞职，某生物公司支付较大数额补偿金的"惨剧"呢？

第一，某生物公司将"延时缴纳"和"可以不缴纳"画上了等号。疫情期间，根据相关政策，某生物公司虽然可以延缓缴纳员工社会保险费，但疫情过后，某生物公司经营明显好转时，却并未立即为梁某补缴社会保险费，这样一来，便为今后梁某辞职并要求经济补偿埋下了祸根。

第二，未能正视梁某的合理要求，及时缓解矛盾。在梁某多次协商要求补缴疫情期间延缓缴纳的社会保险费时，某生物公司都敷衍了事，口头答应补缴，但实际上却未曾缴纳。这种轻视员工声音的行为，在一定程度上激化了矛盾，最终导致梁某以某生物公司未缴纳社会保险费为由被迫提出辞职。

【法律法规】

《社会保险法》第六十三条：

用人单位未按时足额缴纳社会保险费的，由社会保险费征收机构责令其限期缴纳或者补足。

用人单位逾期仍未缴纳或者补足社会保险费的，社会保险费征收机构可以向银行和其他金融机构查询其存款账户；并可以申请县级以上有关行政部门作出划拨社会保险费的决定，书面通知其开户银行或者其他金融机构划拨社会保险费。用人单位账户余额少于应当缴纳的社会保险费的，社会保险费征收机构可以要求该用人单位提供担保，签订延期缴费协议。

用人单位未足额缴纳社会保险费且未提供担保的，社会保险费征收机构可以申请人民法院扣押、查封、拍卖其价值相当于应当缴纳社会保险费的财产，以拍卖所得抵缴社会保险费。

《社会保险法》第八十六条：

用人单位未按时足额缴纳社会保险费的，由社会保险费征收机构责令限期缴纳或者补足，并自欠缴之日起，按日加收万分之五的滞纳金；逾期仍不缴纳的，由有关行政部门处欠缴数额一倍以上三倍以下的罚款。

《劳动合同法》第三十八条：

用人单位有下列情形之一的，劳动者可以解除劳动合同：

······

（三）未依法为劳动者缴纳社会保险费的；

······

【法律建议】

用人单位在两种情况下，可以缓缴员工社会保险费：

1.用人单位因不可抗力等情况造成生产经营出现严重困难的，经省级人民政府社会保险行政部门批准后，可以暂缓缴纳一定期限的社会保险费，期限一般不超过一年。申请缓缴社会保险费的用人单位，需提出缓缴期限和缓缴计划，并经职工代表大会或工会同意。暂缓缴纳期间，免收滞纳金，到期后，用人单位应缴纳相应社会保险费。

2. 除了不可抗力，可以申请缓缴社会保险费的情况还有：经人民法院依法宣布进入破产程序的；停产、连续亏损一年以上，或者濒临破产的；市人民政府批准的其他情形。因人为原因造成生产经营困难的，不得申请缓缴社会保险费。

员工主动放弃社会保险，之后又反悔，企业应当怎么办？

有些员工，在企业为其办理社会保险时，出于某些目的，主动放弃。在这种情况下，企业可以不为其办理社会保险吗？这样做，面临哪些法律风险？

【案例】

2014年5月6日，任某入职青岛某设计公司，一周后，在公司表示为其办理社会保险登记时，任某却表示"不需要公司缴纳任何社会保险费"。为了让某设计公司放心，任某随后写下了"自愿放弃社保申请书"：本人任某，于2014年5月6日入职，自愿同某设计公司签订劳动合同，但不需要公司缴纳社会保险费。在此郑重作出承诺，在个人提出缴纳申请前，本人不再就合同存续期间的社会保险向某设计公司主张任何权益。

后来，应任某请求，某设计公司自2018年3月开始为其缴纳社会保险费。2019年4月30日，任某突然向劳动监察大队投诉，声称某设计公司未给自己缴纳社会保险费。劳动监察大队经过调查后，向某设计公司下达了劳动保障监察责令改正决定书，责令其自收到决定书之日起十五日内为任某补缴2014年5月至2018年2月间的社会保险费并缴纳滞纳金。

某设计公司于 2018 年 5 月为任某补缴了 2014 年 5 月至 2018 年 2 月的基本养老保险费、基本医疗保险费、失业保险费、工伤保险费、生育保险费，并且缴纳了滞纳金 26890.2 元。某设计公司老板认为，任某入职时主动放弃缴纳社会保险费，现在又向劳动保障部门投诉，导致公司多支付了 26890.2 元滞纳金，任某需要赔偿公司这部分损失。因此，某设计公司向法院提起了诉讼，请求法院判定任某赔偿公司损失 26890.2 元。

　　法院经过审理认为，任某主动提出申请放弃缴纳社会保险费，作为完全民事行为能力人，应意识到签署自愿放弃社保申请书的后果。任某已经对自身权利进行了处分，之后又以某设计公司没有为其缴纳社会保险费为由向劳动监察部门投诉，主张由某设计公司补缴社会保险费，导致某设计公司在补缴社会保险费的同时缴纳了 26890.2 元滞纳金。为员工代缴社会保险费是用人单位法定义务，因此，某设计公司没有为任某办理社会保险也存在过错。

　　最终，法院判决任某应承担 50% 的赔偿责任，向某设计公司支付 13445.1 元赔偿金。

【分析】

　　某设计公司之所以在和任某产生的劳动争议和诉讼中赔钱赔精力，主要是因其犯下了两个错误：

　　第一，未意识到缴纳社会保险费是企业法定义务。员工承诺放弃社会保险，用人单位便能真的不用缴纳社会保险费了吗？答案是否定的。因为根据相关法律法规，为员工缴纳社会保险费是用人单位的义务，该义务并不会因为员工承诺放弃而消失。某设计公司因为没有意识到这一点，为今后和任某的劳动纠纷埋下了祸根。

第二，风险防范意识不强。员工个人承诺具有不确定性，特别是其承诺和法律法规相抵触时，这种不确定将变得更大。因此，用人单位对待员工承诺，要有较高的风险防范意识，不能认为员工承诺了，同意了，以后出了事情便和自身无关了。

【法律法规】

《劳动法》第七十二条：

社会保险基金按照保险类型确定资金来源，逐步实行社会统筹。用人单位和劳动者必须依法参加社会保险，缴纳社会保险费。

《社会保险法》第五十八条：

用人单位应当自用工之日起三十日内为其职工向社会保险经办机构申请办理社会保险登记。未办理社会保险登记的，由社会保险经办机构核定其应当缴纳的社会保险费。

自愿参加社会保险的无雇工的个体工商户、未在用人单位参加社会保险的非全日制从业人员以及其他灵活就业人员，应当向社会保险经办机构申请办理社会保险登记。

国家建立全国统一的个人社会保障号码。个人社会保障号码为公民身份号码。

《民法典》第一千一百六十五条：

行为人因过错侵害他人民事权益造成损害的，应当承担侵权责任。

依照法律规定推定行为人有过错，其不能证明自己没有过错的，应当承担侵权责任。

【法律建议】

员工为了获得更多薪酬或者其他原因，主动向用人单位提出不缴纳社会保险费时，用人单位要如何应对呢？

1. 用人单位要按照法律办事，为员工缴纳各项社会保险费。员工主动要求放弃社会保险，用人单位要向其科普相关劳动法规，拒绝其请求，在社会保险经办机构为其缴纳各项社会保险费。绝对不能为了所谓的"节约用工成本"或"怕麻烦"，不为员工缴纳社会保险费。

2. 保留各项社会保险经办资料和缴费单据。用人单位要妥善保管为员工缴纳社会保险费过程中产生的各种资料、手续、收费单据等，当劳动纠纷出现时，可以将其作为强有力的证据使用。

工伤保险赔付后，员工或员工家属又要企业赔偿，合理吗？

企业为员工购买了工伤保险，员工在突发安全事故中出了意外，保险经办机构赔付后，员工或员工家属还要求企业进行赔付，这种做法合理吗？

【案例】

2016 年 9 月 13 日，某商超有限公司员工刘某某驾驶小型客运车辆在送货途中和孙某驾驶的一辆重型货车相撞，导致刘某某当场死亡。2016 年 10 月，当地交通警察大队作出认定：刘某某承担此次交通事故的主要责任，孙某承担此次交通事故的次要责任。

2018 年 3 月，当地医疗保险事业局通过了刘某某的工亡待遇审批，确定了其工亡待遇总金额为 70 余万元。但是刘某某家属却认为，某商超有限公司指令刘某某驾驶客运机动车载货，是其在此次交通事故中承担主要责任的原因之一，导致交通事故赔偿款减少，因此某商超有限公司应给予相应赔偿。刘某某家属遂向法院提起诉讼，请求法院判令某商超有限公司赔偿 26 万余元。

法院经过审理认为，虽然刘某某驾驶客运车辆载货经某商超有限公司默认或者指令，是其承担交通事故的主要责任原因之一，某商超有限公司存在过错，但刘某某驾驶客运车辆载货为工作任务行为，该事故已经被认定为工伤事故。根据《最高人民法院关于审理人身损害赔偿案件适用法律若干问题的解释》，工伤职工应当按照《工伤保险条例》的规定享受工伤保险待遇，不能再通过民事诉讼向用人单位获得双重赔偿。

最终，法院判决驳回刘某某家属的诉讼请求。

【分析】

某商超有限公司和刘某某家属的诉讼，主要集中于两个焦点：

第一，某商超有限公司默认或指令刘某某驾驶客运车辆载货是否有过错。按照交通法规相关规定，客运车辆载货违法，因此某商超有限公司默认或指令刘某某驾驶客运车辆载货的行为，存在过错。

第二，刘某某家属已经获得了工伤保险经办机构发放的赔付，是否还能再以某商超有限公司存在过错为由，要求其进行赔偿？答案是否定的，员工因为突发安全事故或者职业病等遭受工伤，享受工伤保险待遇后，是不可以再通过民事诉讼途径要求用人单位赔偿的。

【法律法规】

《工伤保险条例》第十四条：

职工有下列情形之一的，应当认定为工伤：

（一）在工作时间和工作场所内，因工作原因受到事故伤害的；

（二）工作时间前后在工作场所内，从事与工作有关的预备性或者收尾性工作受到事故伤害的；

（三）在工作时间和工作场所内，因履行工作职责受到暴力等意外伤害的；

（四）患职业病的；

（五）因工外出期间，由于工作原因受到伤害或者发生事故下落不明的；

（六）在上下班途中，受到非本人主要责任的交通事故或者城市轨道交通、客运轮渡、火车事故伤害的；

（七）法律、行政法规规定应当认定为工伤的其他情形。

《最高人民法院关于审理人身损害赔偿案件适用法律若干问题的解释》第四条：

依法应当参加工伤保险统筹的用人单位的劳动者，因工伤事故遭受人身损害，劳动者或者其近亲属向人民法院起诉请求用人单位承担民事赔偿责任的，告知其按《工伤保险条例》的规定处理。

因用人单位以外的第三人侵权造成劳动者人身损害，赔偿权利人请求第三人承担民事赔偿责任的，人民法院应予以支持。

【法律建议】

工伤保险能够在很大程度上分担用人单位的赔偿责任，因此，用人单位需要以长远的眼光看待工伤保险。

1. 为劳动者缴纳工伤保险费的同时，消除工作中的潜在安全隐患。为劳动者缴纳工伤保险费的目的在于万一发生安全事故时，用人单位能够转移赔付责任，降低赔付压力。但是购买工伤保险仅是手段，不是目的，最好的做法是用人单位消除劳动者工作中潜在的安全隐患，为劳动者营造一个安全、舒适的工作环境。

2. 在道义上给予工伤员工一定经济补偿。发生工伤事故，用人单位协助其完成工伤认定、享受工伤待遇后，应当从道义上尽可能给予劳动者或其家属一定的经济补偿。这样做，一来可以彰显用人单位的人文关怀，凝聚其他劳动者的心，另一方面，也可拉近同工伤员工或其家属情感上的距离，打消其进一步诉讼的想法。

第八章

用好"双赢"思维，快速消除劳动争议

企业和员工之间建立良好的关系，不仅能点燃员工的工作激情，提升员工的工作效率，还能快速消除劳动争议，降低企业的用工风险。那么企业如何同员工建立良好的关系呢？答案很简单，用好"双赢"思维即可。

协商解除劳动合同，劳动者又突然反悔，企业需要赔钱吗？

对企业来说，因解除劳动合同而引发的劳动争议是最多的，也是最难处理的。很多时候，明明已经协商解除了劳动合同，签署了双方不存在任何纠纷的合同，但劳动者之后又突然反悔，要求企业进行赔偿，如何才能预防出现这种情况呢？

【案例】

2020年9月，陈成亮（化名）入职某安保公司从事保安工作，双方签订了三年期劳动合同。2021年3月1日，陈成亮因年终奖问题，和某安保公司产生争议。2020年3月6日，某安保公司向陈成亮送达了《解除劳动合同通知书》。陈成亮觉得在这家公司工作并不愉快，也萌生了跳槽的念头，遂同意解除劳动合同。

2021年3月10日，陈成亮和某安保公司签订了《解除劳动合同协议书》，其中第三条为：双方自愿解除劳动合同，不存在任何劳动争议和纠纷，双方不再互相主张劳动关系存续期间的相关权利和义务。同日，陈成亮还和某安保公司签署了《终止劳动关系证明》，载明陈成亮和某安保公司终止（解除）劳动关系。另外，双方还签署了《离职移交单》，其中第二条为：以上离职手续办理结束后，由离职人员在本单下方签字，确认本人与公司之间不存在任何劳动关系和纠纷。

2021 年 4 月，陈成亮得知一位前同事因为某安保公司解除劳动合同向法院提起诉讼，且赢得了官司，认为自己和前同事遭遇差不多，遂向劳动仲裁委员会申请仲裁，请求裁决某安保公司向其支付违法解除劳动合同赔偿金。劳动仲裁委员会作出仲裁裁决书，对陈成亮的仲裁请求不予支持。

陈成亮不服，向法院提起诉讼，请求判决某安保公司支付违法解除劳动合同赔偿金。法院经过审理认为，陈成亮和某安保公司于 2021 年 3 月 10 日签订了《解除劳动合同协议书》《终止（解除）劳动关系证明》《离职移交单》三份书面材料，并办理了相关离职手续。相关协议真实有效，双方应当遵守。最终，法院判决驳回陈成亮的全部诉求。

【分析】

某安保公司在陈成亮反悔并提起劳动诉讼后，为什么能轻松应对，取得最终的胜利呢？原因有两个：

第一，和陈成亮就解除劳动合同进行了充分协商。某安保公司就解除劳动合同和陈成亮进行了充分协商，相关条文不违反法律、行政法规的强制性规定，也不存在欺诈、胁迫或者乘人之危的情形。简单地说，陈成亮本人事前知情，对相关条文非常清楚。

第二，陈成亮在相关文件资料上签了字。经过充分协商后，陈成亮在《解除劳动合同协议书》《终止（解除）劳动关系证明》《离职移交单》三份书面材料上签字予以确认，这时，签字后的相关书面文件材料便具有了法律效力，协议一旦生效，就是落子无悔。

【法律法规】

《劳动合同法》第三十六条：

用人单位与劳动者协商一致，可以解除劳动合同。

《最高人民法院关于审理劳动争议案件适用法律问题的解释（一）》第三十五条：

劳动者与用人单位就解除或者终止劳动合同办理相关手续、支付工资报酬、加班费、经济补偿或者赔偿金等达成的协议，不违反法律、行政法规的强制性规定，且不存在欺诈、胁迫或者乘人之危情形的，应当认定有效。

前款协议存在重大误解或者显失公平情形，当事人请求撤销的，人民法院应予支持。

【法律建议】

用人单位如何避免劳动者在协议离职后反悔，回头讨要赔偿金甚至提起诉讼呢？

1. 以视频形式保留双方协商情景。劳动者和用人单位在充分协商基础上，达成一致，可以解除劳动合同。因此，是否进行充分协商，是用人单位解除劳动合同合法与否的前提。基于此，为了防止劳动者事后反悔，用人单位应在协商时，以视频形式保留相关证据，证明双方在签订协议前，进行了充分协商，劳动者并没有受到胁迫、欺诈等。

2. 要求劳动者在协商解除劳动合同协议及相关证明文件上签字。有的劳动者明明已经放弃了自身权益，但事后又想反悔，要求用人单位支付赔偿金。但是，只要劳动者在解除劳动合同协议上作出了承诺，放弃了自己的权益，并在协商基础上签了字，即使事后反悔，法院在审理时，通常都不会支持他们的诉求。

值班按照加班算，员工索要高额薪酬，企业要如何应对？

有些员工，在企业安排值班时，会要求按照加班计算薪酬。这时，企业需要分清值班和加班的区别，否则可能会引发劳动争议甚至诉讼，为自身带来意想不到的风险。

【案例】

魏亮（化名）在某公司担任会务，执行每天工作八小时、每周工作五天的标准工时制。某公司经常于周末休息日召开紧急会议，且不管是会议召集难度、会场布置任务还是会议时长、会议参加人数，都远远超过工作日会议。某公司事后会按照公司标准向魏亮发放值班费，但魏亮却认为自己周末的工作和工作日工作没有任何差别，且工作强度更大，休息日累计工作十天以上且未安排调休，应当按照加班计算薪酬。

魏亮和某公司就按照值班还是加班计算薪酬进行过多次协商，一直未有结果，最终，魏亮向劳动仲裁委员会申请仲裁，要求裁定某公司支付加班费差额。劳动仲裁委员会调查后，对魏亮的仲裁申请给予支持。某公司不服仲裁裁决结果，起诉至法院。某公司认为，安排魏亮周末值班，且已经按照公司标准发放了值班费，请求法院判决某公司无须向魏亮支付加班费。

法院经过审理认为，值班通常是指用人单位因安全、消防、节假日等需要，安排劳动者从事与本职无关的值班任务。本案中，某公司安排魏亮周末上岗工作，工作内容和平时一致，并不属于值班范畴。

最终，法院判决某公司向魏亮支付休息日加班费差额 5837.39 元。

【分析】

魏亮和某公司劳动争议的焦点在于，公司安排魏亮在休息日开展会务工作，是值班还是加班？

通常而言，值班和加班的区别主要有三点：

第一，工作特点和工作任务不同。值班和加班虽然都是劳动者在法定工作时间之外为用人单位处理一些事情，但值班时，劳动者承担的是非生产性、非本职性的工作。而加班，则是因用人单位的生产经营需要，劳动者在原工作岗位和非工作时间继续从事本职工作。

第二，工作报酬支付依据不同。目前值班报酬支付没有明确的法律依据，通常由用人单位制定标准。而加班报酬，则受到《劳动法》《工资支付暂行规定》等法律法规的直接规范。

第三，时间限制不同。通常而言，劳动者值班，在时间上一般都没有上限限制。而加班，《劳动法》则有明确的规定，即每日不得超过一小时，因特殊原因需延长时间的，在确保劳动者身体健康的条件下，延长工作时间不得超过三小时，每月不得超过三十六小时。

【法律法规】

《劳动法》第三十八条：

用人单位应当保证劳动者每周至少休息一日。

《劳动法》第四十一条：

用人单位由于生产经营需要，经与工会和劳动者协商后可以延长工作时间，一般每日不得超过一小时；因特殊原因需要延长工作时间的，在保障劳动者身体健康的条件下延长工作时间每日不得超过三小时，但是每月不得超过三十六小时。

《劳动法》第四十四条：

有下列情形之一的，用人单位应当按照下列标准支付高于劳动者正常工作时间工资的工资报酬：

（一）安排劳动者延长工作时间的，支付不低于工资的百分之一百五十的工资报酬；

（二）休息日安排劳动者工作又不能安排补休的，支付不低于工资的百分之二百的工资报酬；

（三）法定休假日安排劳动者工作的，支付不低于工资的百分之三百的工资报酬。

【法律建议】

为了避免产生劳动争议，用人单位应在分清值班和加班的区别基础上，给予劳动者相应的报酬。

1. 值班时，应避免劳动者从事本职相关工作。用人单位在安排劳动者值班时，要避免安排其从事本职相关工作。假如值班时，劳动者从事本职相关工作，值班便可能成为加班，继而引发劳动争议。另外，安排劳动者值班，用人单位应给予适当报酬。

2. 按照相关规定支付加班费。用人单位安排劳动者加班的，应当按照《劳动法》相关条文，全额支付加班费。故意不按照标准支付甚至不支付，往往会激化矛盾，引发劳动争议甚至诉讼。

员工能力不足，解除聘用合同，需要支付违约金吗？

　　很多企业老板会想当然地认为，解雇能力不足的员工，是企业的法定权利，因此，当员工屡次考核不达标时，老板便会将其解雇。但这时，如果操作不当，企业就可能面临支付较大数额赔偿金的风险。

【案例】

　　2019 年 5 月 27 日，赵强（化名）入职北京某移动软件有限公司，双方签订了三年劳动合同，自 2019 年 5 月 27 日起，至 2022 年 5 月 26 日止。2020 年 8 月，赵强未能通过绩效考核测试，某移动软件公司下达了《绩效改进承诺书》，其中约定：若绩效改进期考核还未达标，则视为不能胜任工作，员工自愿提出离职申请，解除与公司的劳动合同。赵强对《绩效改进承诺书》表示认可，阅读后在其上签字。

　　2020 年 9 月，赵强绩效考核测试再一次未达标，某移动软件公司于 2020 年 10 月 28 日向其出具了《解除劳动合同通知书》，通知赵强于 2020 年 10 月 31 日解除双方签订的劳动合同。

　　赵强对某移动软件公司解除劳动合同的决定不服，向劳动仲裁委员会申请仲裁，要求裁决某移动软件公司与其继续履行劳动合同。劳动仲裁委员会受理后，裁决某移动软件公司与赵强继续履行劳动合同。

　　某移动软件公司不服裁决，向法院提起诉讼，要求撤销劳动仲裁委员会作出的裁决。法院经过审理认为，按照法律规定，即使证明赵强不胜任现在的工作，某移动软件公司也应该对其进行调岗或者培训，经过调岗或者培训后，假如赵强还是不能胜任工作，某移动软件公司方可解除劳动合同。

最终，法院判决某移动软件公司解除赵强劳动合同违法，与赵强继续履行劳动合同。

【分析】

赵强连续两次绩效考核不及格，为什么某移动软件公司不能直接解除劳动合同呢？为什么最后某移动软件公司和赵强要对簿公堂呢？

第一，不能胜任工作举证不足。虽然法律给予了用人单位较大的用工自主权，但为了保障劳动者的权益，对用人单位解除劳动合同的限制还是非常严格的。"不能胜任工作"是指劳动者不能按照劳动合同约定完成某个任务或者达到某个标准，因此，不能胜任工作的前提是用人单位和劳动者明确了不能胜任工作的具体标准。显然，某移动软件公司未能在劳动合同中明确不能胜任劳动合同的具体标准，因而以绩效考核结果作为证据显得有些单薄。

第二，未对赵强进行培训。即使证明劳动者不能胜任工作，按照法律规定，用人单位也需要对劳动者进行培训，培训后劳动者仍不能胜任的，才能解除劳动合同。某移动软件公司连续两次绩效考核后，未对赵强进行相应的绩效改进培训，便与其解除劳动合同，程序违法。

【法律法规】

《劳动合同法》第四十条：

有下列情形之一的，用人单位提前三十日以书面形式通知劳动者本人或者额外支付劳动者一个月工资后，可以解除劳动合同：

（一）劳动者患病或者非因工负伤，在规定的医疗期满后不能从事原工作，也不能从事由用人单位另行安排的工作的；

（二）劳动者不能胜任工作，经过培训或者调整工作岗位，仍不能胜任工作的；

（三）劳动合同订立时所依据的客观情况发生重大变化，致使劳动合同无法履行，经用人单位与劳动者协商，未能就变更劳动合同内容达成协议的。

【法律建议】

当员工不能胜任岗位工作时，用人单位应该如何做，才能在避免劳动纠纷的同时完美解决问题呢？

1. 在劳动合同中详细约定不能胜任工作的标准。除了在招聘时对岗位职责作出明确规定，用人单位还需要在劳动合同中明确不能胜任工作的标准，比如工作内容、合格标准等。在告知的基础上，用人单位对员工的考核才有说服力，才能作为其不能胜任工作的证据。

2. 绩效考核后，对成绩低于及格线的员工进行培训。对绩效考核不及格的员工，用人单位要及时进行改进培训，帮助他们掌握高效工作法，提升工作技能。另外，还可将绩效考核不合格员工放到其他岗位上。假如培训或者调岗后，员工仍然不能胜任工作，用人单位可以解除劳动合同。

员工违反竞业限制，企业蒙受损失，可以要求赔偿吗？

用好竞业限制协议，能够对劳动者产生相当大的"威慑"，用人单位在避免自身技术外泄的同时，还能最大限度降低劳动争议出现的概率。

【案例】

盖明昌（化名）是某医疗公司资深技术研究员，在该公司工作近二十年。2015年2月，盖明昌和某医疗公司签订了《竞业限制协议》，约定：假如盖明昌今后离职，竞业限制期为一年，补偿标准为离职前十二个月的月平均基本工资的三倍。假如盖明昌违反竞业限制义务，应向某医疗公司支付相当于离职前两年基本工资的违约金。

2021年5月15日，盖明昌向某医疗公司递交了辞职信，双方解除了劳动关系。2021年5月30日，盖明昌入职某制药厂，同年11月，盖明昌又入职某药品研究集团。

某医疗公司得知盖明昌先后入职两家公司的事情后，认为其行为违反了双方签订的《竞业限制协议》，遂向劳动仲裁委员会申请仲裁，请求裁决盖明昌继续履行竞业限制义务，返还已经支付的竞业限制补偿金24万余元，并支付违反竞业限制义务违约金189万余元。劳动仲裁委员会作出裁决：盖明昌继续履行竞业限制协议，支付某医疗公司违反竞业限制义务违约金 47 万余元。

　　盖明昌和某医疗公司都不服仲裁裁决，分别向法院提出诉讼。某医疗公司请求法院判决盖明昌返还已支付的竞业限制补偿金 24 万余元，并支付违约金 189 万余元。盖明昌则请求法院撤销劳动争议裁决，称自己无须履行竞业限制协议，无须支付竞业限制违约金。

　　法院经过审理认为，某医疗公司、某制药厂和某药品研究集团在经营范围上存在高度重合，确认三家公司属于竞争企业。盖明昌于 2021 年 5 月 15 日从某医疗公司离职后，在竞业限制期限内先后就职某制药厂和某药品研究集团的行为，有违和某医疗公司签署的《竞业限制协议》。最终法院判决，盖明昌按照《竞业限制协议》约定金额，向某医疗公司支付违约金 189 万余元。

【分析】

　　竞业限制协议的存在，可以有效约束接触过商业技术秘密的离职员工在约定限制期内的就职行为。因此，用人单位和重要岗位上的员工签订《竞业限制协议》，可有效避免商业技术秘密泄露，对离职员工就业行为进行规范。

　　某医疗公司之所以能够在和离职员工盖明昌的劳动诉讼中获胜，原因有两个：

　　第一，事前签订了《竞业限制协议》，且对员工违反竞业协议需承担的责任有明确约定。某医疗公司与盖明昌签订的《竞业限制协议》中，明确约定"假如盖明昌违反竞业限制义务，应向某医疗公司支付相当于离职前两年基本工资的违约金"。这样一来，当盖明昌违约后，某医疗公司在法理上便占据了有利地位。

　　第二，判断劳动者是否违反竞业限制义务的标准是其前后就职企业是否存在竞争关系。尽管盖明昌在法院审理期间，再三强调其在三家企业的工作岗位、工作内容完全不同，但判断劳动者是否违反竞业限制协议的标准是，劳动者前后就职的企业是否存在竞争关系，而不是劳动者在前后企业中所从事的工作内容。

【法律法规】

《劳动合同法》第二十三条：

用人单位与劳动者可以在劳动合同中约定保守用人单位的商业秘密和与知识产权相关的保密事项。

对负有保密义务的劳动者，用人单位可以在劳动合同或者保密协议中与劳动者约定竞业限制条款，并约定在解除或者终止劳动合同后，在竞业限制期限内按月给予劳动者经济补偿。劳动者违反竞业限制约定的，应当按照约定向用人单位支付违约金。

《劳动合同法》第二十四条：

竞业限制的人员限于用人单位的高级管理人员、高级技术人员和其他负有保密义务的人员。竞业限制的范围、地域、期限由用人单位与劳动者约定，竞业限制的约定不得违反法律、法规的规定。

在解除或者终止劳动合同后，前款规定的人员到与本单位生产或者经营同类产品、从事同类业务的有竞争关系的其他用人单位，或者自己开业生产或者经营同类产品、从事同类业务的竞业限制期限，不得超过二年。

《劳动合同法》第九十条：

劳动者违反本法规定解除劳动合同，或者违反劳动合同中约定的保密义务或者竞业限制，给用人单位造成损失的，应当承担赔偿责任。

【法律建议】

签署竞业限制协议，约定明确的、具有显著约束力的限制条款，是避免用人单位和劳动者产生劳动纠纷的有效方法。

1.用人单位和高管、高级技术人员以及其他负有保密义务的劳动者签订就业限制协议。签订的竞业限制协议中，不仅要明确用人单位在竞业限制期内对劳动者的补偿金，还要明确劳动者违反竞业限制协议所需要承担的违约金。这样，劳动者才能约束自己离职后的行为，和用人单位实现双赢。

2.合理设置违约金。在竞业限制协议中，劳动者违约金设置并非越高越好，假如违约金和竞业限制补偿金相差太多，则可能引发劳动争议甚至诉讼。

待岗在家，却要求企业支付生活费，搞错了吧？

员工因为种种原因待岗在家，向企业索要待岗期间的生活费，企业却认为员工待岗期间并没有提供任何劳动，因此拒绝支付一分钱。一来二去，员工和企业之间的矛盾便会激化，产生劳动争议甚至对簿公堂。

【案例】

唐亮（化名）为某煤业有限公司员工，签订了无固定期限劳动合同。2014年6月，某煤业有限公司以"市场不景气，公司经营困难"为由，以书面通知的形式，要求唐亮在家待岗。2014年6月11日开始，唐亮按照某煤业有限公司要求，在家待岗，期间，某煤业有限公司没有为唐亮缴纳社会保险费，也没有向其发放任何工资及补贴。

2018年7月，唐亮向当地劳动仲裁委员会申请仲裁，请求裁决某煤业有限公司支付其待岗期间的最低工资。劳动仲裁裁决委员会作出部分支持的裁决后，唐亮不服，向法院提起诉讼，请求法院撤销劳动仲裁委员会作出的裁决，判决某煤业有限公司向自己全额支付待岗期间的最低工资。

法院经过审理认为，唐亮的待业并非由于自身原因导致，而是由某煤业有限公司安排的，因此唐亮在待岗期间依法享有相应的生活费待遇，对唐亮主张的待岗期间工资待遇，应予支持。最终，法院判决某煤业有限公司向唐亮支付2014年6月至2018年7月间的生活费共计54292元。

【分析】

　　企业不景气，经营遇到困难，通知员工在家待岗，便觉得甩掉了一个大包袱，这种做法可取吗？某煤业有限公司和员工唐亮之间的诉讼，证明这种做法是不可取的。

　　第一，用人单位既不解除劳动合同，又不安排工作岗位，属于违法行为。用人单位为了避免单方面解除劳动合同支付较大数额的赔偿金，采取不安排工作岗位的做法，逼迫劳动者主动辞职，属于违法行为。在这种情况下，劳动者提出解除劳动合同，用人单位还是需要支付较大数额赔偿金。

　　第二，由于自身原因导致员工待岗的，需向员工支付生活费。用人单位由于自身原因安排劳动者长期待岗，属于非劳动者原因歇工待岗。这种情形，用人单位应当保障劳动者的基本生存条件，向其支付生活费。

【法律法规】

　　《工资支付暂行规定》第十二条：

　　非因劳动者原因造成单位停工、停产在一个工资支付周期内的，用人单位应按劳动合同规定的标准支付劳动者工资。超过一个工资支付周期的，若劳动者提供了正常劳动，则支付给劳动者的劳动报酬不得低于当地的最低工资标准；若劳动者没有提供正常劳动，应按国家有关规定办理。

【法律建议】

　　待岗和解除劳动合同是不同的，劳动者待岗期间，和用人单位之间依然存在劳动关系，各项权益依然受法律法规保护。因此，用人单位安排劳动者待岗，要做好各项准备，要确保劳动者待岗期间各项权益受到保护，才能避免出现劳动争议。

　　1.继续为待岗劳动者缴纳社会保险费。安排劳动者待岗后，用人单位要继续为其缴纳社会保险费。断缴、不足额缴纳，都属于违法行为，不仅会引发劳动争议，甚至还会陷入此起彼伏的诉讼中，最终不得不缴纳较大数额的滞纳金。

2. 为待岗劳动者发放生活费。用人单位安排劳动者待岗后，不能做甩手掌柜，对其不闻不问。用人单位要按照劳动合同约定的工资，或者内部的规定，向劳动者发放生活费，确保其基本生活。

女员工生产休假，要求支付全额工资，给还是不给？

有些企业老板可能会有这样的想法：女员工休产假期间，并未向企业提供劳动，因此，其休产假期间，只需要支付部分工资即可。这种想法是对还是错呢？

【案例】

　　明月（化名）于 2016 年 5 月入职某电子科技公司，于 2018 年 11 月休产假。明月休产假期间，某电子科技公司并未按照休产假前十二个月的平均工资标准全额发放工资，仅发放了相当于当地最低工资标准的百分之七十的薪酬。

　　明月认为某电子科技公司的做法违法，多次和其进行沟通，但某电子科技公司都以其"产假期间并未向公司提供劳动"为由，拒绝为其发放全额工资。明月遂向劳动仲裁委员会申请仲裁，劳动仲裁委员会裁决某电子科技公司向明月支付产假工资差额。

　　某电子科技公司不服，认为产假仅仅是国家对妇女的特殊性保护，在产假期间，明月没有为公司提供任何形式的劳动，因此不应像正常工作期间那样发放全额工资。于是向法院提起诉讼，要求撤销劳动仲裁委员会作出的裁决。

　　法院经过审理认为，劳动者依法享受产假等假期，因此，产假期间，用人单位应视同其正常劳动，发放全额工资。因此，法院判决某电子科技公司向明月支付产假工资差额。

【分析】

按照相关劳动法律法规，劳动者享受国家法定假日、产假期间，应视同正常劳动，用人单位需足额发放工资。某电子科技公司和员工明月之间之所以产生劳动争议和诉讼，主要在于其未做好以下两点：

第一，没有为明月缴纳生育保险费。用人单位为员工缴纳生育保险费后，员工生育期间的工资会由生育保险基金支付，未缴纳生育保险费的，则由用人单位支付。某电子科技公司没有为明月缴纳生育保险费，导致在其生育期间，需要由公司发放工资，继而引发了后续劳动争议和诉讼。

第二，对劳动者依法享受休假期间的权利认知不准确。劳动者依法享受法定休假日、年休假、探亲假、婚假、丧假、产假、看护假等假期期间，用人单位应当视同其正常劳动并支付正常工作时的工资。某电子科技公司显然没有意识到这一点，没有按照明月正常工作时的工资标准为其发放产假期间工资，这是引发明月提起诉讼的直接原因。

【法律法规】

《社会保险法》第五十三条：

职工应当参加生育保险，由用人单位按照国家规定缴纳生育保险费，职工不缴纳生育保险费。

《女职工劳动保护特别规定》第八条：

女职工产假期间的生育津贴，对已经参加生育保险的，按照用人单位上年度职工月平均工资的标准由生育保险基金支付；对未参加生育保险的，按照女职工产假前工资的标准由用人单位支付。

女职工生育或者流产的医疗费用，按照生育保险规定的项目和标准，对已经参加生育保险的，由生育保险基金支付；对未参加生育保险的，由用人单位支付。

【法律建议】

用人单位如何在女职工"三期"期间，确保不出现劳动纠纷呢？其实，用人单位只要做好两点即可解决该问题。

1. 依法保障女职工"三期"期间合法权益。用人单位要严格遵守相关劳动法律法规，切实保障女职工合法权益，在女职工孕期、产期和哺乳期，全额发放工资。这样一来，用人单位不仅能够营造良好的用工环境，还能打造更具凝聚力的企业文化。

2. 多沟通慰问，彰显人文关怀。对处于"三期"的女职工，用人单位除了要按时足额发放工资，还可通过电话问候、赠送慰问品等方式，保持持续沟通，进行情感关怀。通过这些措施，女职工对用人单位的归属感自然会更加强烈。

企业停工停产，员工索要全额工资，合理吗？

企业因为某些原因停工停产，其间员工没有工作或者不定时工作，但后来员工却要求企业发放全额工资，合理吗？企业如果一分钱都不给，会面临什么法律后果？

【案例】

2019年11月，齐亚江（化名）进入广东某建筑工程公司从事保安工作，居住在广州某工地门口的临时板房内。齐亚江和某建筑工程公司未签订劳动合同，双方口头约定某建筑工程公司按照每天100元标准支付工资，但不对其进行考勤。

2020年年初，齐亚江所在工地因受疫情影响陷入停工状态，但是其间，公司断断续续安排齐亚江进行清扫、看门等工作。2020年5月31日，某建筑工程公司通知齐亚江解除劳动关系，并要求其上缴工地大门钥匙，离开工作场地。

齐亚江认为，某建筑工程公司并未按照约定全额支付其劳动报酬，遂向当地劳动仲裁委员会申请仲裁，请求裁定某建筑工程公司按照每天100元的标准发放停工期间的工资。某建筑工程公司则表示，工地停工期间，并未安排齐亚江从事正常工作，因此不应按照每天100元的标准发放工资。劳动仲裁委员会作出裁决：某建筑工程公司需按照每月3000元标准支付齐亚江停工期间的工资。

某建筑工程公司不服，向法院提起诉讼，要求撤销劳动仲裁委员会作出的裁决。法院经过审理认为，自2020年年初停工后，某建筑工程公司仍间歇性地安排齐亚江工作，证明齐亚江仍在某建筑工程公司管理下提供劳动，因此，某建筑工程公司需支付齐亚江劳动报酬。但考虑到疫情下公司停工属于不可抗拒力，且工地停工后，齐亚江的工作内容发生了显著变化，所以劳动报酬应作相应调整。

最终，法院判决某建筑工程公司按照最低工资标准向齐亚江支付停工期间工资。

【分析】

某建筑工程公司犯了两个错误，导致和齐亚江出现了劳动争议和诉讼，并让自身处于不利地位：

第一，未对齐亚江工作进行考勤。在齐亚江任公司保安时，未能对其进行考勤，也未能以书面形式约定其工资按照实际出勤天数计算。这样，便为以后的劳动争议和诉讼埋下了祸根，使得某建筑工程公司在劳动仲裁和诉讼中缺乏必要的证据。

第二，未对齐亚江停工期间工资作明确约定。工地因疫情停工后，某建筑工程公司未能就齐亚江在停工期间的工资发放标准以书面形式作出明确的约定。这也导致在齐亚江主张停工期间按照之前约定的每天100元标准发放工资时，某建筑工程公司拿不出有利于自己的证据。

【法律法规】

《工资支付暂行规定》第十二条：

非因劳动者原因造成单位停工、停产在一个工资支付周期内的，用人单位应按劳动合同规定的标准支付劳动者工资。超过一个工资支付周期的，若劳动者提供了正常劳动，则支付给劳动者的劳动报酬不得低于当地的最低工资标准；若劳动者没有提供正常劳动，应按国家有关规定办理。

《人力资源和社会保障部办公厅关于妥善处理新型冠状病毒感染的肺炎疫情防控期间劳动关系问题的通知》（人社厅明电〔2020〕5号）第二条：

企业因受疫情影响导致生产经营困难的，可以通过与职工协商一致采取调整薪酬、轮岗轮休、缩短工时等方式稳定工作岗位，尽量不裁员或者少裁员。符合条件的企业，可按规定享受稳岗补贴。企业停工停产在一个工资支付周期内的，企业应按劳动合同规定的标准支付职工工资。超过一个工资支付周期的，若职工提供了正常劳动，企业支付给职工的工资不得低于当地最低工资标准。职工没有提供正常劳动的，企业应当发放生活费，生活费标准按各省、自治区、直辖市规定的办法执行。

【法律建议】

用人单位停工停产期间，也是劳动争议和诉讼多发期，假如用人单位处理不当，可能导致职工集体维权，将自己置于不利地位。那么，停工停产期间，用人单位应该如何做呢？

1.按照法律规定按时发放工资或生活费。用人单位停工停产期间，应和继续提供劳动的职工协商工资发放标准，并以书面形式明确。对停工停产期间未提供劳动的职工，要提前进行协商，确定生活费标准，按时足额发放。这样，才能避免出现劳动争议和诉讼。

2.继续为职工缴纳社会保险费。停工停产，让职工在家待岗，并非解除劳动关系，因此用人单位还需要继续为职工缴纳各项社会保险费。假如因为停缴社会保险费引发劳动争议甚至诉讼，用人单位之后不仅需要补缴各项社会保险费，还可能要缴纳数额较大的滞纳金。

企业实行不定时工作制，员工辞职后讨要加班费，是否要额外给钱？

很多企业采用的是每天工作八小时、每周工作五天的定时工作制，在这种制度下，安排员工加班需要支付加班费。但有些企业由于种种原因，会实行不定时工作制，在这种工作制度下，员工讨要加班费，企业如何应对才能不引发劳动争议？

【案例】

2010 年 10 月 26 日，赵凤国（化名）入职某护卫公司，从事押运护卫工作。在劳动合同中，双方约定赵凤国实行不定时工作制。

2020 年 9 月 2 日，赵凤国从某护卫中心辞职。2020 年 9 月 10 日，赵凤国向当地劳动仲裁委员会申请仲裁，要求裁决某护卫中心支付 2010 年 10 月 26 日到 2020 年 9 月 2 日期间累计加班费 78932.76 元。劳动仲裁委员会作出不予受理决定。赵凤国遂向法院提起诉讼，请求法院判决某护卫公司支付 2010 年 10 月 26 日到 2020 年 9 月 2 日期间累计加班费 78932.76 元。

法院经过审理认为，某护卫公司依法取得了特殊工时工作制许可证，特殊工时类别为不定时工作制，特殊工时岗位为押运及其负责人、押运驾驶员、押运配套后勤辅助人员。根据《工资支付暂行规定》，实行不定时工资制的劳动者，不执行加班工资的规定。

最终，对赵凤国要求护卫公司支付加班费78932.76元的请求，法院不予支持。

【分析】

相对于定时工作制，实行不定时工作制不用支付加班工资，对用人单位而言，大大节省了用工成本，是不是所有人员都可以实行不定时工作制呢？答案是否定的，我国相关法律对适用不定时工作制的人员，有着非常严格的限制。

根据相关法律法规，可以实行不定制工作制的职工，主要有三类：

（一）国有企业中的高级管理人员（指企业领导班子成员）；

（二）非国有企业中经营管理人员事先约定实行年薪制的；

（三）从事下列工种或者岗位的职工：

1.无法按标准工作时间衡量的外勤人员；

2.实行工作量与工资挂钩的推销人员、长途运输人员、押运人员；

3.实行工作量与工资挂钩的铁路、港口、仓库的部分装卸人员；

4.实行承包经营出租车的驾驶员；

5.非生产性值班人员。

【法律法规】

《工资支付暂行规定》第十三条：

用人单位在劳动者完成劳动定额或规定的工作任务后，根据实际需要安排劳动者在法定标准工作时间以外工作的，应按以下标准支付工资：

（一）用人单位依法安排劳动者在日法定标准工作时间以外延长工作时间的，按照不低于劳动合同规定的劳动者本人小时工资标准的150%支付劳动者工资；

（二）用人单位依法安排劳动者在休息日工作，而又不能安排补休的，按照不低于劳动合同规定的劳动者本人日或小时工资标准的200%支付劳动者工资；

（三）用人单位依法安排劳动者在法定休假节日工作的，按照不低于劳动合同规定的劳动者本人日或小时工资标准的300%支付劳动者工资。

实行计件工资的劳动者，在完成计件定额任务后，由用人单位安排延长工作时间的，应根据上述规定的原则，分别按照不低于其本人法定工作时间计件单价的150%、200%、300%支付其工资。

经劳动行政部门批准实行综合计算工时工作制的，其综合计算工作时间超过法定标准工作时间的部分，应视为延长工作时间，并应按本规定支付劳动者延长工作时间的工资。

实行不定时工时制度的劳动者，不执行上述规定。

【法律建议】

是否采用不定时工作制，哪些岗位可以采用不定时工作制，在相关法律法规中都有着严格的规定。

1. 申请不定制工作许可证。用人单位如确需在某些岗位实行不定时工作制的，需要向当地劳动行政部门申请不定制工作制许可证。假如没有申请不定时工作制许可证，用人单位随意实施，以此作为不支付加班费的依据，则会引发一系列劳动争议，面临严重法律后果。

2. 严格设置不定时工作制岗位。用人单位要严格按照相关法律规定，设置需要实行不定制工作制的岗位。不能为了节省用工成本，随意扩大适用不定时工作制岗位范围，否则将会引发员工不满，引起劳动争议。

第九章

做好劳动合同变更和解除，避免员工恶意仲裁

劳动合同的变更和解除过程，也是企业和员工之间劳动争议的多发期，稍不注意，企业便可能在劳动争议中处于不利地位，面临数额较大的经济赔偿风险。基于此，企业需要充分掌握劳动合同变更和解除技巧，避免碰触劳动法律法规红线。

企业改制后，老员工要求签订无固定期限劳动合同，要如何应对？

企业改制后，面对的主要问题，除了明确新的经营方向、制定各项规章制度，原有劳动者的劳动合同变更也是一项非常棘手的工作。有些企业在改制时，面对老员工要求签订无固定期限劳动合同的要求，认为非常不合理，不仅坚持签订固定期限劳动合同，甚至辞退几个"刺头"杀鸡儆猴。这样做，有法律风险吗？

【案例】

王明（化名）等 20 人原来是 A 能源有限公司员工，双方签订了劳动合同，合同期至 2018 年 4 月 30 日止。2017 年 4 月 1 日，A 能源有限公司和一家外资公司合作，成立了一家 B 能源有限公司。B 能源有限公司成立后，全部接收了 A 能源有限公司员工。

2017 年 4 月 30 日，B 能源有限公司向王明等 20 人下发了书面通知，提出在原岗位不便的情况下，续签一年的劳动合同，并要求王明等 20 人于 2017 年 5 月 10 日前，将签名的《劳动合同书》上交。

王明等 20 人工龄都超过了十年，认为续签一年劳动合同做法不合理，于是向 B 能源有限公司提出签订无固定期限劳动合同的书面要求，但未获 B 能源有限公司同意。后双方一直未能达成一致，王明等 20 人一直工作至 2017 年 5 月 15 日。B 能源有限公司于 2017 年 5 月 16 日以王明等 20 人在规定时间内未签订劳动合同为由，作出终止双方劳动关系的决定。

王明等20人向劳动仲裁委员会申请仲裁，未获支持。之后，王明等20人向法院提出诉讼，请求法院判决B能源有限公司按规定支付解除劳动合同赔偿金。

法院经过审理认为，因用人单位合资、兼并、合并或单位改变性质、法人改变名称等原因而改变工作单位的，其改变前的工作时间可以计算为"本单位的工作时间"，因此，王明等20人的工龄均超过十年，提出签订无固定劳动合同的要求合法。B能源有限公司单方面终止劳动合同，视为单方面解除劳动合同，应向王明等20人支付赔偿金。

最终，法院判决B能源有限公司向王明等20人支付赔偿金90余万元。

【分析】

B能源有限公司犯了两个错误：

第一，未能充分听取王明等20人的意见，未就续签劳动合同事宜协商一致。劳动合同续签，需要用人单位和劳动者进行充分协商，在达成一致意见的基础上进行。B能源有限公司未和王明等20名员工进行充分协商，而是强制其续签事先拟定的劳动合同，违反了相关法律法规。

第二，单方面解除王明等人的劳动合同。用人单位要解除或终止劳动合同，必须满足相应的条件，诸如劳动者不符合录用条件、严重违纪等。假如用人单位不和劳动者协商一致，单方面解除劳动合同，则属于违法，会面临数额较大的经济赔偿。

【法律法规】

《劳动合同法》第十四条：

无固定期限劳动合同，是指用人单位与劳动者约定无确定终止时间的劳动合同。

用人单位与劳动者协商一致，可以订立无固定期限劳动合同。有下列情形之一，劳动者提出或者同意续订、订立劳动合同的，除劳动者提出订立固定期限劳动合同外，应当订立无固定期限劳动合同：

（一）劳动者在该用人单位连续工作满十年的；

（二）用人单位初次实行劳动合同制度或者国有企业改制重新订立劳动合同时，劳动者在该用人单位连续工作满十年且距法定退休年龄不足十年的；

（三）连续订立二次固定期限劳动合同，且劳动者没有本法第三十九条和第四十条第一项、第二项规定的情形，续订劳动合同的。

用人单位自用工之日起满一年不与劳动者订立书面劳动合同的，视为用人单位与劳动者已订立无固定期限劳动合同。

《劳动合同法》第三十四条：

用人单位发生合并或者分立等情况，原劳动合同继续有效，劳动合同由承继其权利和义务的用人单位继续履行。

【法律建议】

企业改制后，老员工要求签订无固定期限劳动合同，应当如何应对呢？

1. 在充分协商基础上签订固定期限劳动合同。用人单位可以和老员工进行充分协商，以提升工资、增加福利、升职等条件，换取老员工同意签订固定期限劳动合同。

2. 满足条件的，签订无固定期限劳动合同。无固定期限劳动合同并不是金饭碗，签订后就不能辞退员工。假如员工绩效考核不达标，不能胜任岗位工作，或者严重违纪，用人单位也是可以辞退的。因此，假如员工满足条件，主动提出签订无固定期限劳动合同，用人单位应表示同意。

企业分立或合并后，员工要求执行原劳动合同，法律支持吗？

企业分立或者合并后，法人变了，目标变了，但分立或合并前员工签署的劳动合同，可能会成为拖累新企业发展的包袱。这种情况下，分立或者合并后的新企业，能否变更或者解除之前老员工的劳动合同呢？

【案例】

2012年6月12日，李默（化名）入职青岛某外贸公司，之后和公司相继续签了三次劳动合同，第三次劳动合同为无固定期限劳动合同。

2018年1月，青岛某外贸公司被某出口有限公司吸收合并。2018年2月，李默到合并后的公司新址上班，一直工作到2019年1月24日。2019年1月25日起，某出口有限公司以"公司停止生产和销售"为理由，通知李默不定时休假，且禁止其进入公司。

此后，某出口有限公司开始按照青岛最低工资标准的80%向李默发放工资，李默通过电子邮件、协商函等方式，多次和某出口有限公司协商，要求其解释放假原因、补发工资以及继续履行劳动合同，某出口有限公司在回复时还是以"公司停止生产和销售"为由，要求李默继续休假。于是，李默向某出口有限公司发送了最终催告函，明确要求在2019年4月26日前安排其回到原来岗位工作，否则将视为某出口有限公司终止劳动合同。但是，2019年4月26日后，某出口有限公司仍未安排李默回原岗位工作。

李默遂向法院提起诉讼，要求法院判决某出口有限公司支付赔偿金。法院经过审理认为，根据《劳动合同法》规定，用人单位发生分立或合并等情况时，原来的劳动合同继续有效，劳动合同由继承其权利和义务的用人单位继续履行。用人单位不向劳动者提供工作条件的，劳动者可以解除劳动合同，用人单位需向劳动者支付赔偿金。

最终，法院判决某出口有限公司向李默支付赔偿金20万元。

【分析】

李默和某出口有限公司的劳动纠纷，主要争论点有两个：

第一，某出口有限公司合并某外贸公司后，李默和某外贸公司签订的无固定期限劳动合同还有效吗？根据《劳动合同法》相关条文规定，用人单位分立或者合并后，原来签订的劳动合同应继续履行。因此，李默和某外贸公司签订的无固定期限劳动合同，在某出口有限公司合并某外贸公司后，同样有效。

第二，李默是单方面辞职吗？某出口有限公司以"公司停止生产和销售"为理由，通知李默不定时休假，且休假期间没有全额发放工资，并禁止其进入公司。面对李默的协商请求，某出口有限公司回应冷淡，对李默提出的恢复原岗位工作的请求，某出口有限公司也置之不理，继而导致李默最终发出了恢复原岗位工作的催告函。由此可见，李默的辞职是因为某出口有限公司不提供工作条件被迫做出的，因此不属于单方面辞职，某出口有限公司需支付赔偿金。

【法律法规】

《劳动合同法》第三十四条：

用人单位发生合并或者分立等情况，原劳动合同继续有效，劳动合同由承继其权利和义务的用人单位继续履行。

《劳动合同法》第三十八条：

用人单位有下列情形之一的，劳动者可以解除劳动合同：

（一）未按照劳动合同约定提供劳动保护或者劳动条件的；

（二）未及时足额支付劳动报酬的；

（三）未依法为劳动者缴纳社会保险费的；

（四）用人单位的规章制度违反法律、法规的规定，损害劳动者权益的；

（五）因本法第二十六条第一款规定的情形致使劳动合同无效的；

（六）法律、行政法规规定劳动者可以解除劳动合同的其他情形。

用人单位以暴力、威胁或者非法限制人身自由的手段强迫劳动者劳动的，或者用人单位违章指挥、强令冒险作业危及劳动者人身安全的，劳动者可以立即解除劳动合同，不需事先告知用人单位。

《劳动合同法》第四十六条第一款：

有下列情形之一的，用人单位应当向劳动者支付经济补偿：

（一）劳动者依照本法第三十八条规定解除劳动合同的；

……

【法律建议】

用人单位分立或者合并后，通过无限期放假、降低工资等方式逼迫劳动者自动离职或变更劳动合同的目的，是极为不妥的，有可能让自身陷入一个又一个诉讼中，面临巨额赔偿金。那么，用人单位在分立或合并后，要如何避免劳动争议和诉讼呢？

1.继续履行原来的劳动合同。用人单位合并其他企业后，应继续履行原企业员工的劳动合同，按时发放工资，继续缴纳各项社会保险费。有实力的企业还可以在原来基础上，进一步提升员工待遇，稳定原企业员工人心，打造更强凝聚力。

2.和劳动者进行积极协商，变更劳动合同。分立或合并后，假如用人单位需要变更原来的劳动合同，应当和员工进行积极沟通，在达成一致的基础上，才能更改原劳动合同条文。单方面更改或者不提供劳动条件，用人单位可能要承担巨额经济补偿。

企业要改变劳动合同中约定的岗位，员工不同意，能够强制调岗吗？

在签订劳动合同时，约定工作岗位是非常重要的一个条款。有时候，由于企业内部组织架构、市场环境等方面的变动，需要调整员工岗位，但是员工却不同意变更劳动合同，从事其他岗位工作，这时，企业能强制调岗甚至解除劳动合同吗？

【案例】

2021 年 3 月 16 日，某电子通信公司向员工郭某以邮件方式发送了一份《岗位调整通知书》，内容大致为：郭某现工作岗位为公司技术开发工程师，由于公司生产经营情况发生改变，拟将其工作岗位调整为技术支持工程师。岗位调整后，郭某的工作地点、薪酬、工作时长等均保持不变，工作内容也和先前岗位工作内容相似。

郭某认为虽然"技术开发工程师"和"技术支持工程师"名字听起来差不多，但实际为降级调岗，工作时间也由之前的固定时间变更为排班制，以后升职前景暗淡了不少，因此回复公司"不同意调整岗位"。但某电子通信公司并不认同郭某理由，强行要求郭某必须在 2021 年 4 月 1 日到新岗位报到，否则将根据公司《员工手册》作出严厉处罚。

2021 年 4 月 7 日，某电子通信公司以"不服从公司工作安排，未按时到新岗位报到，严重违反公司规章制度"为由，向郭某出具了《解除劳动合同通知书》。郭某不服，遂向法院提起诉讼，要求判决某电子通信公司支付违法解除劳动合同赔偿金。

法院经过审理认为，某电子通信公司未能就生产经营情况发生变化举证，且郭某从"技术开发工程师"降级为"技术支持工程师"，确实对其职业发展产生不利影响。因此，法院认为某电子通信公司对郭某进行调岗缺乏相应的合理性，郭某有权拒绝。

最终，法院判决某电子通信公司解除郭某劳动合同违法，应向郭某支付违法解除劳动合同赔偿金38.25万元。

【分析】

某电子通信公司在和郭某的调岗劳动纠纷中，犯了两个错误：

第一，强制调动郭某工作岗位。在签署劳动合同时，员工从事何种岗位的工作，都是以条文的形式明确的。因此，调换员工的工作岗位，本质上是变更劳动合同的行为，需要事前和员工协商一致。某电子通信公司在未能和郭某协商一致的情况下，强行调岗，已经违反了《劳动合同法》。

第二，郭某不接受某电子通信公司调岗，某电子通信公司解除其劳动合同。不同意调岗便解除劳动合同，某电子通信公司的做法是非常不妥当的。尽管《劳动合同法》给予了用人单位灵活用工的权利，但如果用人单位无法证明员工不胜任现在的工作，就以不服从调岗为理由将其辞退，属于违法行为。

【法律法规】

《劳动合同法》第三十五条：

用人单位与劳动者协商一致，可以变更劳动合同约定的内容。变更劳动合同，应当采用书面形式。

变更后的劳动合同文本由用人单位和劳动者各执一份。

《劳动合同法》第四十条：

有下列情形之一的，用人单位提前三十日以书面形式通知劳动者本人或者额外支付劳动者一个月工资后，可以解除劳动合同：

（一）劳动者患病或者非因工负伤，在规定的医疗期满后不能从事原工作，也不能从事由用人单位另行安排的工作的；

（二）劳动者不能胜任工作，经过培训或者调整工作岗位，仍不能胜任工作的；

（三）劳动合同订立时所依据的客观情况发生重大变化，致使劳动合同无法履行，经用人单位与劳动者协商，未能就变更劳动合同内容达成协议的。

【法律建议】

用人单位如何避免在调岗时出现劳动争议甚至诉讼呢？如何规避调岗过程中可能出现的经济赔偿风险呢？

1. 就调岗问题提前和劳动者达成一致意见。调岗并非用人单位说了算，对此，用人单位应提前做好员工思想工作，就调岗后的薪酬、福利、工作时间以及职业发展前景等进行详细说明。比如，通过强调调岗后更高的薪酬，或者更好的职业发展前景，让员工同意调岗。

2. 证明劳动者不胜任现在的岗位或举证调岗的合理性。员工不同意调岗，用人单位就拿员工没办法了吗？答案是否定的。只要用人单位能够拿出充分的证据，证明员工不胜任现在的岗位，或者证明调岗有充分的合理性，还是可以对员工进行调岗的。

约定的工作地点发生改变，受到员工抵触，要如何解决？

由于业务发展，企业想要将员工派往另外的工作地点办公，但是员工却非常抵触。这种情况下，企业应当怎么办？是迁就员工，还是强制其改变工作地点？

【案例】

2006 年 11 月 1 日，马小姐入职某建筑工程公司，自 2012 年开始在公司成本合约中心担任投标主管。此后，马小姐和某建筑公司又三次续签劳动合同，均约定工作地点在北京。

2020 年 8 月 17 日，马小姐接到某建筑工程公司发出的《关于工作调动的通知》，要求其于 2020 年 8 月 20 日到某外地区域中心报到，担任投标主管一职。马小姐对某建筑公司未提前协商便强令自己到另外一个城市工作的做法非常抵触，她认为在签订的劳动合同中，明确约定了工作地点是北京，某建筑公司擅自改变自己的工作地点，涉嫌违约。因此，马小姐将自己到外地工作的困难向老板说明，并表示在没有收到明确答复前，她将继续在原来的岗位上工作。

但是让马小姐没想到的是，半个月后，她收到了某建筑公司出具的《解除劳动通知书》，称其"不服从公司工作安排，且从 2020 年 8 月 20 日至 9 月 5 日连续旷工 13 天，构成严重违纪，按照公司考勤管理办法第

12 条规定，决定从 2020 年 9 月 5 日起与你解除劳动合同"。

马小姐不服，向劳动仲裁委员会提出申请仲裁，要求裁决某建筑公司违法解除劳动合同，支付赔偿金。劳动仲裁委员会未支持其请求，马小姐遂向法院提起诉讼。

法院经过审理认为，劳动者的工作地点，是劳动合同约定的重要内容，也是劳动者在履行劳动合同时必然考量的因素。本案中，马小姐和某建筑公司在劳动合同中约定工作地点为北京，在未提前和马小姐协商的情况下，单方面改变其工作地点，属违法行为。马小姐虽然未到新的工作岗位上出勤，但其已提供证据证明自己在原岗位工作的情况下，某建筑公司仍认定其旷工与事实不符。

最终，法院判决某建筑公司向马小姐支付违法解除劳动合同赔偿金 445585.68 元，被拖欠工资 2220 元，共计 447805.68 元。

【分析】

马小姐和某建筑公司的劳动争议中，存在两个焦点：

第一，劳动合同中明确约定工作地点，公司可以单方面将员工派遣到另外一个城市长期工作吗？员工的工作地点属于劳动合同的重要内容，改变员工工作地点属于变更劳动合同，而变更劳动合同的前提是双方协商一致。因此，某建筑公司单方面改变马小姐的工作地点，是违法的。

第二，马小姐不去新岗位报道，属于旷工行为吗？马小姐虽然没有去新岗位报到，但依然在原来岗位上工作，并不属于旷工行为。因此，某建筑公司所言马小姐"连续旷工 13 天"是不成立的，以此为由解除劳动合同是违法的。

《劳动合同法》第十七条：

劳动合同应当具备以下条款：

（一）用人单位的名称、住所和法定代表人或者主要负责人；

（二）劳动者的姓名、住址和居民身份证或者其他有效身份证件号码；

（三）劳动合同期限；

（四）工作内容和工作地点；

（五）工作时间和休息休假；

（六）劳动报酬；

（七）社会保险；

（八）劳动保护、劳动条件和职业危害防护；

（九）法律、法规规定应当纳入劳动合同的其他事项。

劳动合同除前款规定的必备条款外，用人单位与劳动者可以约定试用期、培训、保守秘密、补充保险和福利待遇等其他事项。

《劳动合同法》第三十五条：

用人单位与劳动者协商一致，可以变更劳动合同约定的内容。变更劳动合同，应当采用书面形式。

变更后的劳动合同文本由用人单位和劳动者各执一份。

【法律建议】

用人单位如何避免因改变劳动者工作地点产生劳动争议呢？在实际操作时，可以从两个方面入手：

1.在劳动合同中灵活约定工作地点，设置兜底条款。在和劳动者签订合同时，关于工作地点，用人单位和员工协商时可以灵活约定，不局限于某个固定的城市。另外，在约定工作地点的条文后，还需要设置兜底条款，比如"若有工作需求，劳动者须到公司指定的其他城市工作，否则视同违约"。

2. 和劳动者充分协商。假如劳动合同上约定了具体的工作地点，用人单位便无法将其派往另一个城市工作了吗？答案是否定的。只要用人单位和劳动者协商一致，便可变更劳动合同——用人单位可以通过提升工资、福利、职务等方式，作为改变劳动者工作地点的补偿，促使对方同意。

企业陷入经营性困境，想大量裁员，能实现吗？

企业因为市场变化或不可控原因遭遇经营困难，为了降低用工成本，渡过难关，借口"经营状况不佳"，裁撤某个部门，大量裁员，这种做法可行吗？

【案例】

唐明（化名）是某电子厂销售部员工，2018 年 6 月 1 日入职，签订了三年劳动合同，从 2018 年 6 月 1 日起，至 2021 年 6 月 1 日止。

2020 年 3 月，唐明因为疫情原因被隔离在家，其间收到了某电子厂发布的部门裁撤公告以及解除劳动合同通知——某电子厂以疫情期间订单大量流失盈利能力大幅下降为由，将销售部整体裁撤，所有销售部员工被集体解雇。

唐明认为某电子厂解除劳动合同时，自己在家隔离，自身并没有什么过错。且某电子厂经济性裁员前，并没有向工会说明情况。2020 年 5 月 28 日，唐明向劳动仲裁委员会申请仲裁，要求裁定某电子厂支付解除劳动合同赔偿金。劳动仲裁委员会裁决仅支持唐明部分请求，唐明不服，遂向法院提起诉讼。

法院经过审理认为，经济性裁员有严格条件限制，规定了各种程序。本案中，某电子厂既未提前三十天向工会或全体员工说明情况，又没有将裁减人员方案向劳动行政部门报告，程序缺失，裁员违法。

最终，法院判决某电子厂向唐明支付违法解除劳动合同二倍赔偿金共6万余元。

【分析】

虽然《劳动合同法》给予了用人单位在经营困难之时裁员的权利，但是出于保护劳动者的考虑，又设定了必要的法定程序，以避免用人单位不必要裁员和裁员规模的不当扩大。简单地说，经济性裁员并非万能药，员工没有过错，用人单位以此为借口解除劳动合同，可能面临较大数额的赔偿金。

具体到某电子厂，在裁员时犯了两个错误：

第一，将经济性裁员当作万能钥匙。某电子厂因为新冠疫情遭遇暂时经营困难，意图通过裁员降低运营成本，方向是错误的。大量裁员，很容易引发劳动争议和诉讼，并非最好的选择。某电子厂可以通过另寻市场、提升管理效率、和员工协商暂时降低薪酬等措施，解决暂时的经营困难。

第二，未明确经济性裁员实施程序。某电子厂在未明确经济性裁员法定程序的前提下，便解雇无过错员工，继而导致程序缺失，陷入"违法解除劳动合同"的泥沼，面临巨额赔偿金。

【法律法规】

《劳动合同法》第四十条：

有下列情形之一，需要裁减人员二十人以上或者裁减不足二十人但占企业职工总数百分之十以上的，用人单位提前三十日向工会或者全体职工说明情况，听取工会或者职工的意见后，裁减人员方案经向劳动行政部门报告，可以裁减人员：

（一）依照企业破产法规定进行重整的；

（二）生产经营发生严重困难的；

（三）企业转产、重大技术革新或者经营方式调整，经变更劳动合同后，仍需裁减人员的；

（四）其他因劳动合同订立时所依据的客观经济情况发生重大变化，致使劳动合同无法履行的。

《劳动合同法》第四十七条：

经济补偿按劳动者在本单位工作的年限，每满一年支付一个月工资的标准向劳动者支付。六个月以上不满一年的，按一年计算；不满六个月的，向劳动者支付半个月工资的经济补偿。

劳动者月工资高于用人单位所在直辖市、设区的市级人民政府公布的本地区上年度职工月平均工资三倍的，向其支付经济补偿的标准按职工月平均工资三倍的数额支付，向其支付经济补偿的年限最高不超过十二年。

本条所称月工资是指劳动者在劳动合同解除或者终止前十二个月的平均工资。

《劳动合同法》第四十八条：

用人单位违反本法规定解除或者终止劳动合同，劳动者要求继续履行劳动合同的，用人单位应当继续履行；劳动者不要求继续履行劳动合同或者劳动合同已经不能继续履行的，用人单位应当依照本法第八十七条规定支付赔偿金。

《劳动合同法》第八十七条：

用人单位违反本法规定解除或者终止劳动合同的，应当依照本法第四十七条规定的经济补偿标准的二倍向劳动者支付赔偿金。

【法律建议】

企业在陷入经营性困境时，应该如何做呢？

1.从新市场开发、提升管理效率等方面入手，尽量避免经济性裁员。用人单位遭遇暂时经营困难，除了裁员，还可以从新市场开发、提高管理效率等方面入手摆脱困境。

2. 和员工协商临时性降低工资或延期发放。用人单位将经营困难告知员工，在协商一致的基础上，可以临时性降低工资，或者延期发放工资。

3. 用人单位确实因经营困难需要经济性裁员的，要依法履行法定程序。即：必须提前三十天向工会或者全体员工说明情况；听取工会或者职工的意见；向劳动行政部门报告裁减人员方案。

员工通知解除劳动合同，企业扣押档案，能把人留下吗？

骨干员工对企业的经营和发展至关重要，假如他们离职，对企业而言无疑是一种巨大的损失。因此，一些企业在骨干员工提出辞职后，或不出具解除劳动关系证明，或扣押其档案，阻挠其离职。这种做法真能把人留下来吗？

【案例】

张某是某设计研究院技术骨干。2020年3月，一家知名机械制造公司向张某递来橄榄枝，承诺若张某入职，公司会给予其高额薪酬和年终奖。张某考虑再三，于2020年4月向某设计研究院递交了辞职报告。

某设计研究院认为张某是技术骨干，离职的话，对设计院而言是非常大的损失，因此，设计院负责人多次找张某谈话，劝说张某留下来，但张某心意已决，坚持离职。最终，某设计研究院决定不为张某出具解除劳动合同证明，扣押其档案，以此阻止其入职新单位，迫使张某继续留在设计研究院。

张某遂向劳动仲裁委员会申请仲裁，劳动仲裁委员会作出不予受理裁决。张某不服，将某设计研究院起诉至法院，要求判决解除自己和某设计研究院的劳动关系，某设计研究院出具解除劳动合同证明，并转移档案至某机械制造公司。

法院经过审理认为，根据《劳动合同法》，劳动者提前三十天以书面通知的形式通知用人单位，可以解除劳动合同。用人单位需为劳动者出具解除劳动合同证明，办理档案转移。本案中，某设计研究院拒不出具解除劳动合同证明且扣押张某档案的行为违法。最终，法院判决某设计研究院解除与张某的劳动合同，出具解除劳动合同证明并转移档案。

【分析】

某设计研究院为了留下张某，拒不开具解除劳动合同证明、扣押其档案的做法是非常不明智的，属于违法行为。

第一，劳动者拥有辞职权，且不需要支付任何赔偿金。和用人单位解雇劳动者面临巨额赔偿金的风险不用，劳动者主动辞职，只要提前三十天向用人单位递交书面通知，便可以解除劳动合同，且不需支付任何赔偿金。某设计研究院显然没有意识到这一点，采取了不配合出具解除劳动合同证明和扣押档案的措施，最终引发了诉讼。

第二，未从张某思想和待遇上采取有针对性的措施。不管是拒绝出具解除劳动合同证明，还是扣押档案，显然都不是聪明的方法，最终只会激化某设计研究院和张某间的矛盾。要想留住张某，正确的方式应当是从张某的思想和待遇上做工作。

【法律法规】

《劳动合同法》第三十七条：

劳动者提前三十日以书面形式通知用人单位，可以解除劳动合同。劳动者在试用期内提前三日通知用人单位，可以解除劳动合同。

《劳动合同法》第五十条：

用人单位应当在解除或者终止劳动合同时出具解除或者终止劳动合同的证明，并在十五日内为劳动者办理档案和社会保险关系转移手续。

《劳动合同法》第八十四条：

用人单位违反本法规定，扣押劳动者居民身份证等证件的，由劳动行政部门责令限期退还劳动者本人，并依照有关法律规定给予处罚。

用人单位违反本法规定，以担保或者其他名义向劳动者收取财物的，由劳动行政部门责令限期退还劳动者本人，并以每人五百元以上二千元以下的标准处以罚款；给劳动者造成损害的，应当承担赔偿责任。

劳动者依法解除或者终止劳动合同，用人单位扣押劳动者档案或者其他物品的，依照前款规定处罚。

【法律建议】

想要留住骨干员工，用人单位采用不出具解除劳动合同证明或者扣押档案的方式显然是违法的。那么想要留下骨干员工，用人单位应当采用哪些行之有效的方式呢？

1. 在思想上做工作。通过在思想上给员工做工作，消除误解，放大认同感，让员工改变关于企业的一些负面看法，继而打消辞职的想法。

2. 加薪提职。假如员工离职是因为对现状不满，觉得薪酬过低或者升职速度较慢，用人单位可以通过加薪或者升职的方式，让员工放弃辞职的想法。

3. 让员工看到用人单位未来发展的美好前景。员工想要辞职，有很大一部分原因是对用人单位未来发展前景不看好。这时，用人单位想要留下员工，就需要将未来发展规划详细告知员工，以美好的发展前景打消员工离去之心。

员工长期患病无法工作，企业解除劳动合同，需要支付违约金吗？

长期患病员工不能工作，但企业在其病假期间，还需支付全额工资，如此一来，企业的用工成本无疑会增加很多，因为企业需要另外花钱找人顶替患病员工的岗位。那么，员工长期患病，企业能不能解除劳动合同，且不需要支付赔偿金呢？

【案例】

2017 年 10 月 16 日，王某某和北京某公司签订了劳动合同书，王某某出任公司外勤岗，每月基本工资为 28661 元。

工作将近一年后，王某某患抑郁症，医生叮嘱其要多休息。为了养病，王某某遂向公司提交了抑郁症诊断证明书等相关文件，要求休病假。2018 年 9 月 10 日，公司批准，王某某开始休病假。2018 年 12 月 29 日，公司向王某某发送了律师函，认为其之前提交的病假文件缺少心理治疗凭证、医药费凭据、心理治疗材料、精神分析治疗材料，要求王某某向公司提交完整的病假资料。假如不能提供，公司将会视王某某行为为旷工，按照公司规章制度进行后续处理。

2019 年 1 月 16 日，公司再次向王某某发送律师函，言称其未按照公司要求提供欠缺的病理证明，视为旷工，已经严重违犯公司规章制度，因此解除和王某某的劳动关系。王某某不服，向法院提起诉讼，请求法院判决北京某公司支付违法解除劳动合同赔偿金 630542 元。

法院经过审理认为，王某某之前向北京某公司提交的诊断证明书能够有效证明其真实存在抑郁的状态，且有建议休息的医嘱，即便之后王某某未能按照公司要求提交更齐全的就诊和治疗材料，也不能推翻其因病需要休息的实情。且自然人的个人信息依法受到保护，王某某病情细节属于个人隐私，公司要求提供的病情材料能够证明王某某患病就诊的事实即可，不应过分求全，以免侵犯王某某个人隐私。

最终，法院判决北京某公司解除同王某某劳动合同违法，需向王某某支付违法解除劳动关系赔偿金 630542 元。

【分析】

北京某公司在和王某某的劳动争议和诉讼中，犯了两个错误：

第一，未审慎批准病假，未约定病假截止日期。北京某公司在王某某请病假时，未能审慎决定，在王某某未能提供全部病情材料的前提下，批准了病假，且未以书面形式约定明确的病假截止日期，让自身在今后出现的劳动争议和诉讼中陷入了不利境地。

第二，在没有明显证据的情况下，将王某某病假转化为"旷工"。王某某长期患病，不能为公司生产和经营做贡献，对北京某公司而言，是经济负担。北京某公司意图证明王某某患病是假，但手中并未掌握明显的证据，便将其病假视为旷工，以此为由解除劳动合同，是非常不明智的。

【法律法规】

《劳动合同法》第四十二条：

劳动者有下列情形之一的，用人单位不得依照本法第四十条、第四十一条的规定解除劳动合同：

（一）从事接触职业病危害作业的劳动者未进行离岗前职业健康检查，或者疑似职业病病人在诊断或者医学观察期间的；

（二）在本单位患职业病或者因工负伤并被确认丧失或者部分丧失劳动能力的；

（三）患病或者非因工负伤，在规定的医疗期内的；

（四）女职工在孕期、产期、哺乳期的；

（五）在本单位连续工作满十五年，且距法定退休年龄不足五年的；

（六）法律、行政法规规定的其他情形。

《企业职工患病或非因工负伤医疗期规定》（劳部发〔1994〕479号）第六条：

企业职工非因工致残和经医生或医疗机构认定患有难以治疗的疾病，在医疗期内医疗终结，不能从事工作，也不能从事用人单位另行安排的工作的，应当由劳动鉴定委员会参照工伤与职业病致残程度鉴定标准进行劳动能力的鉴定。被鉴定为一至四级的，应当退出劳动岗位，终止劳动关系，办理退休、退职手续，享受退休、退职待遇，被鉴定为五至十级的，医疗期内不得解除劳动合同。

《企业职工患病或非因工负伤医疗期规定》第七条：

企业职工非因工致残和经医生或医疗机构认定患有难以治疗的疾病，医疗期满，应当由劳动鉴定委员会参照工伤与职业病致残程度鉴定标准进行劳动能力的鉴定。被鉴定为一至四级的，应当退出劳动岗位，解除劳动关系，并办理退休、退职手续，享受退休、退职待遇。

《企业职工患病或非因工负伤医疗期规定》第八条：

医疗期满尚未痊愈者，被解除劳动合同的经济补偿问题按照有关规定执行。

【法律建议】

患病员工由于无法从事生产活动，会提升用人单位的运营成本。那么，面对这一用工风险，用人单位应当如何应对呢？

1. 降低员工患病风险。既然员工患病，会增加用人单位的运营风险，那么，对用人单位而言，未雨绸缪、提前预防，是最好的方法。用人单位可以腾出专门的空间，提供专业健身器材，鼓励员工在非工作时间内锻炼身体，保持身体健康。

2. 审慎批准病假。病假一旦批准，便意味着员工可以带薪休养，用人单位若想干预，则师出无名，也无任何法律依据。因此，为了避免出现因病假产生的劳动争议，用人单位在批准病假时，要做好调查，资料齐全后，再批准。

3. 病假期间按时发放基本工资。员工病假期间，用人单位要按时发放基本工资，并缴纳社会保险费，至于绩效工资、岗位补贴和及奖金等，则可按照实际劳动时间和具体贡献灵活发放。

离职后公司未转移档案，员工要求赔偿退休待遇，合理吗？

员工离职后，是不是企业便觉得自此和其没有任何关系，万事大吉了？其实这种想法非常危险。员工离职后，假如企业未及时转移其档案，影响其退休待遇，则可能面临巨额赔偿风险。

【案例】

1993 年，季某某入职银川某煤制油公司。2015 年，季某某因个人原因，向某煤制油公司递交书面辞职信，自此以后未再向某煤制油公司提供劳动，季某某档案也一直保存在公司，未曾转出。

2017 年 6 月 28 日，季某某年满 55 周岁，达到了法定退休年龄，可以办理退休，但其到当地人力资源和社会保障部门办理时，因为没有档案未果。2019 年 4 月 17 日，季某某突然向劳动仲裁委员会申请仲裁，要求裁定某煤制油公司支付退休金待遇损失 513600 元。

2019 年 4 月 22 日，劳动仲裁委员会作出不受理的仲裁裁决，季某某不服，遂向法院提起诉讼。法院经过审理认为，某煤制油公司未能及时转移季某某档案，导致季某某无法领取退休待遇，应赔偿由此产生的损失。根据《劳动合同法》第三十七和第五十条之规定，劳动者提前三十天以书面形式通知用人单位，可以解除劳动合同，用人单位应当在解除或终止劳动合同时出具解除或终止劳动合同的证明，并在十五日内为劳动者办理档案和社会保险关系转移手续。另外，某煤制油公司和季某某都认可季某某于 2014 年 1 月提出辞职申请，因此，双方劳动关系应于季某某提出辞职申请一个月后即 2014 年 2 月解除，且某煤制油公司有义务为其出具解除劳动关系证明。

季某某和某煤制油公司劳动合同自 2014 年 2 月解除，某煤制油公司未及时履行法定义务，为其出具解除劳动关系证明、转移档案，导致季某某无法领取退休待遇，应当赔偿季某某损失。

最终，法院判决，某煤制油公司赔偿季某某自 2017 年 6 月至 2019 年 3 月的退休待遇损失 134820 元（6420 元 / 月 × 21 个月 =134820 元）。

【分析】

员工离职后，便和用人单位没有任何关系了吗？就万事大吉了吗？答案是否定的。某煤制油公司正是因为持有这种观点，最终才会深陷诉讼，不得不赔付季某某巨额退休金损失。在这一事件中，某煤制油公司做错了两点：

第一，在季某某离职后，未能立即出具解除劳动合同证明。季某某递交辞职信后，某煤制油公司只是"放手"，其他的一概不做，是错误的。不主动为离职员工出具解除劳动合同证明，影响员工重新就业，可能引发劳动争议或诉讼。

第二，在季某某离职后，未能立即转移其档案。季某某离职后，某煤制油公司只是表示了"同意"，并没有在一个月内将季某某的档案转移到其新的单位或者户口所在地的街道劳动（组织人事）部门。某煤制油公司的不作为，为季某某的诉讼埋下了祸根，让其处于极为不利的地位。

【法律法规】

《劳动合同法》第五十条：

用人单位应当在解除或者终止劳动合同时出具解除或者终止劳动合同的证明，并在十五日内为劳动者办理档案和社会保险关系转移手续。

《劳动合同法》第八十九条：

用人单位违反本法规定未向劳动者出具解除或者终止劳动合同的书面证明，由劳动行政部门责令改正；给劳动者造成损害的，应当承担赔偿责任。

《企业职工档案管理工作规定》第十八条：

企业职工调动、辞职、解除劳动合同或被开除、辞退等，应由职工所在单位在一个月内将其档案转交其新的工作单位或其户口所在地的街道劳动（组织人事）部门。职工被劳教、劳改，原所在单位今后还准备录用的，其档案由原所在单位保管。

【法律建议】

劳动者辞职，用人单位同意，并非意味着万事大吉，从此老死不相往来。为了避免今后可能出现的劳动争议，用人单位在劳动者主动提出辞职或者解除劳动关系后，应做好两方面工作：

1. 立即为劳动者出具解除劳动合同证明。劳动者离职后，用人单位应当立即为其出具解除劳动合同证明，方便其之后在找新工作时，证明和之前工作单位已经解除了劳动合同，顺利入职。

2. 立即转移劳动者档案。劳动者离职后，用人单位要立即转移其档案。劳动者有新单位的，转移到新单位；劳动者没有新单位的，可以转移到其户口所在地的劳动（组织人事）部门。

员工未提前通知，擅自离职，公司可以要求其赔偿损失吗？

相对于用人单位，员工属于"弱势群体"，因此劳动相关法规涉及劳动合同解除时，出于保护劳动者权益的考虑，对用人单位的限制比较严格。但这并不意味着员工可以为所欲为，当其未提前通知，擅自离职时，用人单位在证据充分的前提下，是可以要求员工赔偿损失的。

【案例】

2018 年 7 月 15 日，方辉（化名）入职广州某汽车销售有限公司。2019 年 6 月 8 日，方辉在没有提前三十天书面通知某汽车销售有限公司的情况下，擅自离职，导致其负责的工作延误，造成了 19000 元损失。

2019 年 10 月 24 日，某汽车销售有限公司向方辉送达了《自动离职通知书》，对其按照自动离职处理。另外，在该通知书中，某汽车销售有限公司还要求方辉赔偿其擅自离职造成的经济损失 19000 元。方辉不同意赔偿，便称当时家中有急事需要处理，所以只是口头和班长提出了离职。

协商不成，某汽车销售有限公司向劳动仲裁委员会申请仲裁，请求裁决方辉赔偿因其擅自离职造成的经济损失 19000 元。劳动仲裁委员会驳回了某汽车销售有限公司的仲裁请求，某汽车销售有限公司不服，向法院提起诉讼。

法院经过审理认为，方辉在离职前并没有按照《劳动合同法》规定提前三十天以书面形式通知公司，其擅自离职行为，给某汽车销售有限公司造成了损失，其应承担相应赔偿责任。某汽车销售有限公司认为方辉擅自离职造成了 19000 元经济损失，但未能提交充足证据，无法证明其观点。方辉应赔偿某汽车销售有限公司的损失，应与其在职时平均月工资相当。

最终，法院判决方辉赔偿某汽车销售有限公司经济损失 4500 元。

【分析】

员工擅自离职造成经济损失的，用人单位并非只能"吃哑巴亏"，是可以依法要求对方赔偿的。某汽车销售有限公司在同方辉的诉讼中，未能追回全部经济损失，主要原因是犯了两个错误：

第一，在方辉擅自离职后，未能及时沟通。方辉擅自离职后，某汽车销售有限公司应立即与其沟通，询问离职原因，要求其履行辞职前相应义务，办理相关手续。因未及时沟通，导致双方之间矛盾加剧，最终对簿公堂。

第二，未能有准备地存证。在方辉擅自离职后，某汽车销售有限公司未能有准备地保存证据，证明公司蒙受损失和其擅自离职之间存在因果关系。正是由于这一疏忽，导致之后在庭审期间，某汽车销售有限公司难以获得全额赔偿。

【法律法规】

《劳动合同法》第三十七条：

劳动者提前三十日以书面形式通知用人单位，可以解除劳动合同。劳动者在试用期内提前三日通知用人单位，可以解除劳动合同。

《劳动合同法》第九十条：

劳动者违反本法规定解除劳动合同，或者违反劳动合同中约定的保密义务或者竞业限制，给用人单位造成损失的，应当承担赔偿责任。

【法律建议】

为了杜绝劳动者擅自离职，规避相关经济损失，用人单位应未雨绸缪，从两个方面扎好篱笆：

1. 在劳动合同中明确劳动者擅自离职的后果。在签订劳动合同时，用人单位要列出专门的条款，明确因员工擅自离职给用人单位造成损失时其所需承担的赔偿责任，且要求劳动者阅读后在相应条款后签字确认。比如，在劳动合同中可设定这样的条款：因乙方（员工）擅自离职造成公司损失的，乙方（员工）需全额赔偿。

2. 保留因劳动者擅自离职所造成损失的证据。劳动者擅自离职后，用人单位需要保留由此造成损失的证据，便于今后向其索赔。比如，用人单位可以保留劳动者擅自离职后，聘请其他劳动者完成相应工作产生的工资及加班费发放单据。